Wolfgang Bergmann

Geheimnisvoll wie der Himmel sind Kinder

Wolfgang Bergmann

Geheimnisvoll wie der Himmel sind Kinder

Was Eltern von Jesus lernen können

Kösel

FSC
Mix
Produktgruppe aus vorbildlich
bewirtschafteten Wäldern und
anderen kontrollierten Herkünften

Zert.-Nr. SGS-COC-1940
www.fsc.org
© 1996 Forest Stewardship Council

Verlagsgruppe Random House FSC-DEU-0100
Das für dieses Buch verwendete FSC-zertifizierte Papier
Munken Premium liefert Arctic Paper Munkedals AB, Schweden

Umschlag: fuchs_design, München
Umschlagmotiv: I-stockphoto; © Shane Obrien
Druck und Bindung: GGP Media GmbH, Pößneck
Printed in Germany
ISBN 978-3-466-36836-5

Weitere Informationen zu diesem Buch und unserem
gesamten lieferbaren Programm finden Sie unter
www.koesel.de

Für meine Tochter
Maria Magdalena

Inhalt

VORWORT

Was können wir von Jesus lernen?

WENN ALLES ENDET – DIE LIEBE HÖRET NIMMER AUF.

Paulus

Jesus liebte Kinder, dafür gibt es viele Zeugnisse im Neuen Testament. »Lasset die Kinder zu mir kommen und wehret ihnen nicht ...« rief er seinen eifrigen Aposteln zu, die meinten, die Worte Jesu seien wichtiger als die Hinwendung zu den Kleinen. Jesus sah das anders. Seine Worte von der Erlösung und der Liebe empfand er ganz im Einklang mit den neugierigen, manchmal zappeligen und ganz vertrauensvollen Seelen der Kinder. »Wenn ihr nicht werdet wie die Kinder ...« »Ihrer ist das Himmelreich«. Ja, Jesus war ein Freund der Kinder. Und warum? Weil er ein Verkünder der Liebe war.

Fragen wir uns also, ob wir – die wir in der Erziehung und im Leben mit unseren Kindern oft so unsicher geworden sind – von Jesus lernen können. Aber sicher können wir das. Jesus gibt keine Erziehungsratschläge. Aber kluge Eltern wissen eh, dass abstrakte Ratschläge wenig helfen, das lebhafte bunte Leben ist immer ganz anders. Jesus war nie abstrakt. Und damit sind wir an einem entscheidenden Punkt.

Was wir von Jesus lernen können? Seine Haltung, seine Worte, der Klang seiner Worte, seine Bilder und Metaphern in den Gleichnissen – alles ist durchströmt von einem innigen Geist des Lebendigen. Und dass Leben Liebe ist, das können wir bei Johannes und später bei Paulus nachlesen, wenn wir es denn auch aus eigener Erfahrung noch nicht wissen.

Darum geht es in diesem Buch. Was lernen wir daraus, dass Jesus sich an den Tisch des Zachäus setzte, der im Baum vor sich hin träumte? Müde war der Menschensohn, hungrig war er, er sprach nicht viel, er war einfach nur da. Sein Dasein bewegte und berührte den Tagträumer und änderte sein Leben.

Das ist eine Erziehungsweisheit: Nicht, was wir sagen, nicht was wir wollen, nein, nur was wir *sind,* berührt unsere Kinder, prägt und »erzieht« sie. Gute Pädagogen sind beeindruckende Menschen, die den Kleinen über die Rätsel und den Sinn ihres jungen Lebens vieles mitzuteilen haben. Die Kinder spüren das. Sie haben eine feine Witterung für Erwachsene. Manchen schenken sie ihr Vertrauen, anderen nicht. Jesus vertrauten sie, sie wollten zu ihm, und er rief sie zu sich.

Nun ja, ganz offenbar war er ein rebellischer Mensch. Unsere Kinder mögen das. Die klare Sprache, die unerschrockene Haltung und dieses Mitgefühl: Bei den Schwachen, den Ausgestoßenen und Sündern fielen ihm immer die schönsten Gleichnisse ein, zu den Reichen redete er hart und oft so polemisch, dass manch einer in unserer Wohlfühl-Correctness-Kultur erbleichen würde.

Kinder mögen mitfühlende und mutige Menschen – insgeheim sind sie kleine Rebellen – und suchen doch Ordnung und Halt. Bei wem sollen sie beides finden, wenn nicht bei solchen Menschen, die zum einen die Kraft haben, sich gegen den Mainstream zu stellen, die zum anderen nicht bei jeder blöden kindischen Bemerkung oder einer kindlichen Unbedachtheit gleich überängstlich aus den Schuhen kippen, einen Stuhlkreis einberufen oder eine Beratungsstelle aufsuchen – und die doch schließlich klar und eindeutig in ihrer Haltung, ihrer Ethik, ihrer Sinnhaftigkeit sind. Solche nicht opportunistischen Vorbilder finden unsere Kinder selten.

Das ist eine große Herausforderung für Eltern. Sie müssen für den wachen Sinn der Kleinen ziemlich vieles gleichzeitig sein, mutig und manchmal ein bisschen verrückt, albern und gleichzeitig realitätsfähig, widerständig, aber nicht großspurig. Das alles war der lebendige, der historische Jesus.

Schauen wir also von Jesus auf die Kinder und wieder zurück – dann erfahren wir unendlich viel über gute Erziehung, über sinnhaftes Leben, über die Schönheit des Daseins und schließlich und vor allem über das, was Jesus und nach ihm Paulus in unsere abendländische Geschichte eingebracht haben wie einen unsterblichen Schatz: die Wahrheit der Liebe.

Wir lernen, dass unsere Kinder starke Menschen, kräftige Eltern brauchen. Sie wollen keine höfliche und formale Gleichberechtigung, weder mit Eltern noch mit Lehrern. Kinder wollen nicht gleichberechtigt sein, sie wollen beschützt werden. Aber dieses Schutzvertrauen müssen Eltern und Pädagogen auch erwerben. Sie müssen es wert sein.

Wir können, sagte ich, an unseren Kindern lernen oder uns von ihnen anstiften lassen, widerständig zu sein. Kinder spüren diese innere Stärke, sie lieben den Mut von Mama und Papa und ihren Lehrern, sie bewundern ihn. Dann wollen sie so sein, wie diese starken Vorbilder. Dann sind sie gehorsam, auf solche Menschen »hören« sie, »horchen« sie, von ihnen empfangen sie Sinn und Kraft. Solche Menschen haben den Respekt der Kinder, ganz ohne Uniformen und Verhaltensdressate und ohne jedes »Lob der Disziplin«.

Wir lernen von Jesus außerdem, dass Leistung bei Weitem nicht das Vorrangige im menschlichen Leben ist, im Leben der

Kinder schon gar nicht. Wir sehen doch, wie überall Förderprogramme, Exzellenz-Kindergärten, Chinesisch für Zweijährige und ähnlicher Unfug, der die Kinder verwirrt und geistig schwach macht, aus dem Boden sprießen. Jesus lehrt das Gegenteil: Vertraut dem Leben, vertraut auch euren Kindern. Dann entfalten sie in der Ordnung des Vertrauens ihre Sinne, ihr Mitgefühl und auch ihre Intelligenz.

Kurzum, dieses Buch handelt davon, wie ein großer, bedeutender und liebesfähiger Mensch uns ein ethisches, konkretes und mystisches Beispiel dafür gibt, wie wir zu unseren Kindern »menschlich« sind.

Und schließlich: Wer je die Geburt eines Kindes erlebte – als Frau oder, etwas verlegen-umständlich (so jedenfalls ging es mir), als Mann –, der hat ein Gefühl dafür, dass diese Kinder ein Geheimnis sind. Sie gehören nicht den Ideen und moralischen Grundsätzen, nicht dem Ehrgeiz und nicht der Erziehungskunst ihrer Eltern. Sie gehören nur sich selbst und jenem Welträtsel, dem sie entsprungen sind. Wer Kinder liebt und sich ihnen zuwendet, wie es Jesus tat, der ist selbst dem Geheimnis des Lebens und der Liebe nahe. Auch dies lernen wir – von Jesus ebenso wie von unseren Kindern. Von beiden.

Wir sind oft allein mit uns

Individualität und all die ihr zugeschriebenen Charaktermerkmale dominieren die Wertigkeiten unserer Kultur. Wir haben das Prinzip der Individualität auf die Spitze getrieben, es birgt viele Risiken. Vielleicht ist so viel Individualisierung dem Menschen nicht zumutbar, sagte Ralf Dahrendorf in seinem letzten großen Interview. Ja, wir leben unabhängig, ungebunden – das ist im Vergleich zu den engen kontrollierten Nachbarschaften, den sozialen Gemeinschaften noch vor drei Generationen eine enorme Freisetzung, man kommt zu Atem dabei. Ich habe es als Jugendlicher auch so empfunden.

Und doch, betrachten wir das Wort in seiner ganzen Bedeutung: un-gebunden. Nichts hält uns, jederzeit reißen wir uns aus allen Bindungen los, trennen uns aus Beziehungen, entfernen uns von unserer Heimat, *jederzeit* – wer oder was sollte uns hindern?

Diese Freiheit ist, wie Sartre in seinem Jahrhundertwerk *Das Sein und das Nichts* formuliert, »ins Nichts gehängt«.

Nein, wir machen uns darüber nicht allzu viele Gedanken. Nur manchmal durchfährt uns ein seltsam befremdliches Gefühl. Es ist nicht mit Angst zu verwechseln, das nicht! Wir spüren in manchen Augenblicken eben nur ganz bewusst, dass wir in dieser modernen radikalen Freiheit restlos auf uns selbst gestellt sind – und dann erschrecken wir.

Wir verlassen uns in dieser bindungsverarmten Welt, ihrer Liebe auf Zeit, ihrem Hang zur zynischen Gleichgültigkeit, nur auf uns »selbst«. Wir haben ja nichts anderes, nur dieses »Ich«, das fortwährend um sich kreist. Ein Zufall ist es nicht, dass in dieser individualitätsbesessenen Kultur keine seelische Krankheit so rapide ansteigt wie die Depression, die seelisch und körperlich erschöpfte Leere.

Immer nur »Ich« – das ist zu wenig. Wir wissen das auch oder fühlen es zumindest. In den seltenen Phasen der Ruhe, der Stille, die so kostbar sein könnten, spüren wir es ganz besonders! Wir werden unruhig, wenn wir zur Ruhe kommen wollen.

An manchen Sonntagnachmittagen, wenn wir mit unserem Kind in einer Eisdiele hocken und froh sein könnten, empfinden wir oft vor lauter innerer Unruhe nur Langeweile. Das Kind wird davon angesteckt (sie sind ja immer so wachsam, die Kleinen) und wird mürrisch dabei. So viel schöne Zeit, die unwiederholbar ist; nun gleitet sie verschwendet dahin.

Bindungsverarmt, wie wir sind, zerfließt uns die Zeit. Sogar in der Gegenwart, in diesem Augenblick sind wir nicht ganz »bei uns«, sondern unruhig. Im Talmud findet sich übrigens ein ganz anderes Verständnis für die Zeit, davon könnten wir viel lernen. Walter Benjamin hat es so zusammengefasst: »Die Juden sagen, heiligt die Zeit, denn jede Sekunde könnte die schmale Pforte sein, durch die der Messias tritt.«[1]

Sinnhafte Zeit, ach, wir haben doch schon Mühe, einen leidlich stimmigen Lebenslauf zu entfalten, wobei Lebenslauf ein bisschen nach Bewerbungsunterlagen klingt. Sagen wir es so: Wir tun uns inmitten dieser – bei allem Party- und Mediengedröhn – vereinsamten Kultur so entsetzlich schwer, eine »Lebensgeschichte« zu entwickeln, auf die wir mit Stolz schauen. Unser Leben erscheint uns stattdessen oft wie eine Summe von Zufällen. »Kontingenz« nennen die Philosophen diese Seinsverfassung.

Kontingenz klingt so abstrakt, dass man sich gar nichts Rechtes darunter vorstellen kann. Aber hinter dem philosophischen Begriff verbirgt sich eine Realität, die für uns alle schicksalhaft ist, wenn wir sie nicht überwinden. Ich will das erklären.

So ganz auf uns selbst »zurückgeworfen«, so ganz nur »Ich« und Objekt in dieser Welt (manchmal geliebt, wenn wir Glück haben, aber wer weiß, wie lange es dauert) sind wir auch mit unserer Endlichkeit, dem Faktum des Todes, auf eine Weise konfrontiert, die wie ein purer Zufall erscheint, wie etwas, das uns sinnleer zustößt. Wie ein verdrängtes Unbewusstes, wie ein unterschwelliger Strom, dem Zufall ausgesetzt, fließt die Todesfurcht durch unsere Kultur mit ihrer Gier, ihrem Spaß-Haben, ihrem kränkbaren Egoismus. Wir erfahren von einem nahen Menschen oder einem entfernten Verwandten, dass er oder sie auf den Tod erkrankt ist. Was fällt uns dazu ein, wenn wir die Phrasen weglassen? Nichts, nur Stummsein. In unserer Kultur ist der Tod so »kontingent« wie das Leben zuvor.[2]

Kinder haben eine andere Zeit, es sei denn, wir zwingen sie in das »leere Zeitverbringen«, wie Rilke die Schule in einem schönen Gedicht schon vor hundert Jahren nannte. *Ihre* Zeit ist Entwicklung, Entfaltung immer neuer Eigenarten, anderer Fähigkeiten, die wiederum ein anderes Schauen, andere Freundschaften, andere Lieben und Enttäuschungen nach sich ziehen. Anderes Wissen und anderes Vergessen; wie beispielsweise die rührenden Magien der Kindheit: Der Weihnachtsmann stirbt und ein Pop-Star tritt an seine Stelle. Wir Eltern sind immer ein bisschen traurig darüber und sollten es auch sein dürfen.

In den Kindern lebt und regt sich die Zeit als etwas, das nicht leer sein kann: Diese Zeit ruft immerzu Neues auf. Irgendwann wird dieses Kind nicht mehr spielen, sondern gestalten, die Welt mitgestalten, die Geschichte der Welt, die Geschichte der Schöpfung vorantreiben, jedes auf seine Art. Insofern ist jedes Kind in jeder Entwicklungsphase mehr als nur »individuell«.

Und nun zurück zu unserem Ausgangspunkt: immer nur dieses trübe Ich und wieder Ich. Es kreist in sich selbst und erzeugt »leere Zeit«. Kindlich ist das nicht. Wir treiben die Kinder mit unseren kulturellen Werten (Selbstbewusstsein, Selbstreflektion, Durchsetzungsfähigkeit, Rivalität) in dieses arme Ich hinein. Sie wollen das gar nicht, aber schließlich geben sie nach. Ich werde gleich vertieft darauf eingehen.

Das ganz auf sich selbst gestellte Ich erkennt sich eigentlich nur in seinen Bedürfnissen. Was meine ich damit? Schauen wir einmal, wie hoch angesetzt das Wort »meine Bedürfnisse« für die meisten Menschen ist. »Meine Bedürfnisse müssen befriedigt werden – sonst kann ich ja niemals glücklich sein!« Das ist eine Art modernes Glaubensbekenntnis. Es ist uns seelisch viel näher und erscheint uns sinnvoller als das Vaterunser.

»Was bedeutet mir ein anderer Mensch überhaupt, wenn er meine Bedürfnisse nicht befriedigen kann?« Ein wenig überpointiert: Wenn heute ein Mann zu einer Frau oder eine Frau zu einem Mann sagt: »Ich liebe dich«, dann meinen sie oft nur: »Du erfüllst meine Bedürfnisse relativ optimal. Tust du es nicht mehr, gibt es eigentlich keinen Grund, mit dir zusammenzubleiben.« So wird jeder kleinste Konflikt zu einer Krise, jede Krise zu einem endgültigen Zerreißen von Bindung, zum Preisgeben aller Versprechung, die man einmal aus ehrlichem Herzen geleistet hatte. Und dann? Dann übernimmt wieder der Zufall die entscheidende Rolle in der Lenkung des Lebens.

Dabei haben wir alle diesen Sinnhunger, Bedeutungshunger. Und woher sollen wir Bedeutung für uns und unser Leben schöpfen? Immer aus uns selbst? Das ist wie ein Brunnen, der ausgeleert wird und kein neues Wasser empfängt, zuletzt ist er ganz vertrocknet. Was können wir aus dem noch schöpfen?

Der Brunnen: Woher kamen seine ersten Wasser, aus denen wir eine Zeit lang schöpfen durften? Woher kamen, wie es im Hohen Lied Salomos heißt, jene »silbernen Wasser, die von unserem Leib fließen«? Natürlich aus der Kindheit. Schauen wir also dorthin.

Gerade einmal ein Jahr sind die Kleinen alt, da beginnen sie in der Wohnung herumzukriechen, zu robben, und dabei stoßen sie auf die Härte und die Widerständigkeit der Dinge, die in so einer Wohnung herumstehen, der Stühle, der Tischbeine. Sie sind neugierig, verwegen und abenteuerlustig, die ganz Kleinen, und flüchten sich doch, nach jedem Aufprall, jedem Sturz erschrocken zurück in Mamas oder Papas Arme. Das muss auch so sein! Bei ihnen vergewissern sie sich nach der Berührung mit so vielen befremdlichen aufregenden, vielfältigen und manchmal schmerzhaften Dingen ihres kleinen geborgenen Selbst.

Ohne dieses »vergewisserte« Selbst bliebe ihre Neugier und ihr Erkunden ja ganz seelenlos, sie entfalteten kein empfindsames Wissen und auch kein Gewissen. Wenn sie nicht ausreichend Geborgenheit bei ihren Eltern oder anderen, vertrauten Menschen finden, dann werden sie unruhig, sie reißen sich los und stolpern ziellos vorwärts, stürzen und schreien und haben keine Zuflucht, erfahrungsleer, gefühlsleer – so sind zum Beispiel die hyperaktiven Kinder, die alles wollen und an nichts Freude finden. Ihre Zahl wächst dramatisch, wie eine Epidemie.

Spüren sie aber Zuflucht, Geborgenheit, Mamas oder Papas schützende Arme und ihre tröstenden Stimmen, dann trocknen die Tränen nach jedem Hinfallen schnell, mitunter ist es geradezu berührend anzuschauen, wie rasch und bereitwillig die Kleinen sich trösten lassen, und sogleich sind sie wieder voller Lebensmut. Ihr Liebeshunger und ihre Liebeszuversicht – beides macht sie so stark.

So gekräftigt an Leib und Seele stellen sie sich, unermüdlich und unerschrocken, wieder auf die eigenen Beine, sie »stellen sich der Welt«. Wir haben immer noch nicht genug Respekt vor diesem ungemeinen Kindermut, der die Welt erobern will. Es ist eine *eigenwillige Gewissheit,* die diese Kinder trägt. Das ist nicht nur ihre natürliche Daseinslust und nicht nur ein entwicklungsgeschichtliches, menschheitsgeschichtliches quasibiologisches »Programm«, wie die an unseren Universitäten dominierenden Lern- und Verhaltenspsychologien meinen. Das ist etwas ganz anderes.

Ihre Zuversicht nämlich, mehr noch, ihre unbedingte Gewissheit, dass sie in dieser Welt willkommen sind, »beim Namen gerufen« – woher rührt sie denn? Aus der Liebe natürlich, Mamas und Papas Liebe zuerst! *Deshalb* sind sie felsenfest davon überzeugt, dass die gesamte Welt vor Entzücken erbebt darüber, dass die kleine Maria oder der kleine Johannes auf ihr wandeln. Ein Kind will die Welt nicht nur erkunden und begreifen, es will sie mit dem Glanz seines Daseins überstrahlen. Da ist noch nichts von jener kalten »Kontingenz« des erwachsenen Lebens und Sterbens, nicht einmal eine Ahnung davon.

Ohne dieses innere Glänzen und Strömen, das aus der Liebe kommt und sonst nirgendher, könnten Kinder kaum überleben, ganz gewiss könnten sie weder Zeit noch Raum erkunden, ihren Körper nicht kennenlernen und keine Sprache entfalten – und ohne Sprache auch keine bewussten Gefühle. Mittlerweile geben uns sogar die Forscher und universitären Wissenschaftler Auskunft über die *Realität der Liebe.* Die Entwicklung eines Kindes hin zu einem erkennenden und fühlend-sozialen Wesen ist gar nicht möglich, wenn sich nicht ausreichend Liebesgewissheit in ihm angesammelt hat.

So ist das also: Es ist die Liebe, die der Mutter, die des Vaters, die elterliche und vielleicht großelterliche Liebe, die keine Ursache in sich selbst oder den ichhaften Bedürfnissen der Erwachsenen hat, sondern angestiftet wird von diesem ganz eigenen rätselhaften Dasein des Kindes, das sein bewusstes Leben beginnt. Ohne Liebe kann ein Kind nicht existieren: Es wird tatsächlich krank, es stirbt vielleicht. Dazu gab es über Jahrhundert zahlreiche, manchmal grausame Verhaltensexperimente.

Und unsere »kontingenten« Ich-Gefühle, diese Bedürfnis-Selbstigkeiten – was ist in denen von dem schönen Kindheitsglanz übrig geblieben? Ach, ich denke, zu einem großen Teil sind sie nur Schimären. Paradox gesagt: *Wir sind anders, als wir sind.* Manchmal zeigt es sich. Zum Beispiel dann, wenn unser Kind uns anschaut, seine Arme vertrauensvoll nach uns ausstreckt oder vor Hunger weint. Angesichts der Ich-Werdung eines kleinen Menschen empfinden wir eine Liebe, die viel mehr ist als nur »Ich«. Sie lässt sich gar nicht begrenzen. Im Übrigen steckt Liebe an, infiziert wie eine Grippe. Gegen die Liebe richten wir mit unserer zynisch-zeitgemäßen Intelligenz nichts aus. Sonst würden unsere Kinder sterben und wir selbst auch – ganz allein »in einen leeren Himmel starrend«, wie Brecht schrieb.

Und damit sind wir wieder bei den Botschaften des Jesus von Nazaret.

In den Momenten tiefster Verliebtheit, in den Verzückungen der körperlichen Vereinigung, in meditativen Momenten der Betrachtung einer Bergkette oder der untergehenden Sonne am Meer, in diesen Momenten verlieren wir ein Stück unseres Ich, und uns wird ganz wohl dabei.[3] So ist es auch mit Kindern, nichts in ihnen sucht aus eigenem Wollen diese Ich-Kontingenz auf. Sie wollen nicht in die radikale Freiheit, sie wollen nicht »ins Nichts gehängt sein«. Dies ist die Ursache dafür, dass die Kleinen ständig auf der Suche nach Gemeinschaft sind. Sie laufen auf fremde Kinder zu und verbünden sich mit ihnen, erfinden im gemeinsamen Spiel eine unendliche Welt von realen und mystischen Gestalten, die alle Sinnträger sind, jedes auf seine Weise. Und »ein jegliches hat seine Zeit«. Nach jedem Glück und jedem Erschrecken rennen sie zurück zu Mama oder Papa, zurück zu dieser Bindungsgewissheit. Wenn sie nicht ausreichend verlässlich vorhanden ist, bleibt ihr Glück unvollständig und von dem Erschrecken immer ein ungelöster Rest.

Schauen wir den Kleinen nur zu, sie wollen nie »ganz ich« sein. Sie wollen immer auch *ich und du* sein, im Spiel mit einem allerbesten Freund vergessen sie ihre »Autonomie«. Zwei oder mehr miteinander in Fantasielandschaften vertiefte Kinder, die Sandburgen am Meer oder auf einem Kinderspielplatz bauen, sind, wenn wir nur genau genug hinschauen, nur ganz wenig »Ich« in scharfer Abgrenzung zum anderen. Sie sind vielmehr ein »Ich und Du«, ein Sich-Bereichern und Sich-Aufgeben am Sein und Tun des oder der anderen.

Man muss ja nur hinschauen, wie sie als eine Gruppe losrennen, gemeinsam losbrüllen und sich ihre Stimmen vermischen zu einem einzigartigen Lärm. Ihr Gekreische ist ein Jubel an die Welt: *Wir.* Immer drängt es sie heraus aus der Ich-Autonomie, der radikalen Individualität, die das Menetekel unserer Kultur ist.

Das kleinste Stückchen Holz ...

Ungebunden zu sein ertragen wir nicht, zumindest nicht auf Dauer. Es macht unglücklich. Seltsam, dass der Charakter des ego-zentrierten Selbst unsere Pädagogik derart resolut beherrscht, dass die pädagogischen Ziele, die wir in den Rahmenrichtlinien der Kultusbürokratien und in den Lehrbüchern der Kindergärtner/innen auffinden, allesamt nur auf Autonomie und Selbstisolation des Kindes aus sind. Natürlich heißt es dort anders: »Selbstverantwortung und Durchsetzungsfähigkeit, Selbstreflexivität und Selbstbewusstheit«, dies alles sollen wir unseren Kindern beibringen. Dabei bleibt das Wesentliche auf der Strecke.

Wer einmal hingeschaut hat, wie ein Vater seine kleine Tochter oder seinen kleinen Sohn an die Hand nimmt und mit ihr/ihm zum Spielplatz oder in einen Wald geht, wer einmal hingeschaut hat, wie eine Mutter mit ihrer Tochter oder ihrem Sohn an einem Brunnen spielt, ganz selbstvergessen, ganz eingewoben in das »Du und Ich«, das in solcher Innigkeit vielleicht nur einem Vater, einer Mutter im Spiel mit ihrem Kind möglich ist – das Kind an der Hand, beschützend umschlossen –, der erkennt mit bloßen Augen, ganz ohne Theorie, etwas recht Erstaunliches: *Jetzt* ist dieser Vater ein anderer Mann, als er in seinem Büro oder seinem Chefsessel ist. Vom Wasser eines Brunnens nass bespritzt, hell auflachend, ist diese Mutter eine andere Frau, als sie sonst, vielleicht repräsentationsgeübt, als Chefsekretärin oder als erfolgreiche Managerin im Vorstand einer Bank sein darf.

Schauen wir weiter. Wann sind oder waren wir eigentlich glücklich? War es, als wir uns durchgesetzt hatten, mit aller Macht, im Büro oder im Freundeskreis? Als wir aller Welt unser Selbstbewusstsein und unsere Unabhängigkeit plus Kompetenz demonstriert hatten? Nein, da waren wir vielleicht zufrieden – aber wie lange? Eine Stunde? Oder zwei? Aber *glücklich* nicht eine Sekunde lang.

Glücklich waren wir, als wir verliebt waren. Aber da wollten wir keine Autonomie, sondern ihr Gegenteil. Wir wollten am liebsten verschmelzen mit der oder dem Geliebten, ganz eins werden mit dem »anderen«.

Oder manchmal, wenn wir von einer langen Reise nach Hause kommen, und unsere Kinder stürzen sich aufgeregt und froh in unsere Arme – das ist auch Glück. Oder wenn wir nach viel zu vielen Monaten die alten Eltern besuchen und die Orte der Kindheit wiedererkennen, riechen, fühlen, aufsaugen, dann durchströmt uns manchmal auch ein seltsames Gefühl, das dem Glück nahekommt. Es reicht weit zurück, erinnert an kleine sinnliche Momente der Kindheit, Nähe, Freundschaft oder an den grünen Rhabarber, der im Frühjahr immer so langsam reifte und den wir mit kindlicher Ungeduld viel zu grün schnitten, in Zucker stippten und aufaßen – mit Selbstbeherrschung und Autonomie hat nicht eine einzige dieser Erinnerungen zu tun. Aber viel mit Sehnsucht nach Heimat, auch wenn solche Sehnsuchtsgefühle und -bilder manchmal trügerisch sein mögen. Heimat, das ist etwas, das »aus der Kindheit herüberleuchtet« und »in der noch niemand gewesen ist«, schrieb der Philosoph Bloch. So ist es wohl. Aber wir spüren sie, diese ferne Heimat, als warte sie auf uns.

Manchmal denke ich, dass auch Gott auf ähnliche Weise

nur auf uns wartet, aber ich will keine theologischen Spekulationen anstellen. Es ist nur so eine Idee.

Warum also rangieren diese Ich-Werte, die so wenig Glück bergen, derart weit vorne in den offiziellen Schriften und Einschätzungen fast aller Pädagogen und vieler Eltern? Weil wir so gehorsam sind, so gefügig der vorherrschenden Ich-Kultur gegenüber! Den Kindern tut das nicht gut.

Die »Kontingenz«, das radikale Auf-sich-selbst-Gestelltsein – alles, was Jesus tat und sagte, stemmt sich dagegen. »In der Welt habt ihr Angst, ich habe die Angst überwunden.« Wir müssen nicht gläubig in einem kirchlich-traditionellen Sinn sein, um dies zu verstehen. Wir müssen uns nur dem Fluss des Lebens überlassen, jenen Tiefen, in denen unsere Sehnsucht in die Gegenwart drängt, wir müssen ihr nur nachspüren, so schwer ist das nicht.

Unsere Kinder haben ein unvergleichliches Talent dafür. Ihre Sandtörtchen auf dem Spielplatz, ihr Eifer, wenn sie auf Papas Schoß klettern, ihre Traurigkeit, wenn die Eltern streiten, ihr Mut zum Leben, der sich sogleich wieder einstellt, wenn sie geweint haben, ihre Versunkenheit angesichts so geringer Dinge wie einem Blatt etwa, das zufällig am Weg liegt, dem toten Vogel am Straßenrand, der ihr Herz rührt – alles entspringt demselben Seelengrund. Jesus sagt es im Thomasevangelium so: »Spalte ein Stück Holz: Ich bin da. Hebt einen Stein auf und ihr werdet mich finden.«

Verstehen wir das? Ja? Nun gut, dann schauen wir von jetzt an anders auf unsere Kinder, auf ihr Fortkommen und ihr Großwerden. Nein, Selbstbehauptung, Leistungsfähigkeit, Durchsetzungsvermögen – ach Gott, das sollte ganz weit unten stehen auf der Liste unserer Wünsche für die Kleinen, die ja nicht klein bleiben (es geht alles so rasch vorbei!). Und wir sollten, wenn wir bei Sinnen sind, darauf achten, dass wir nicht am Ende ganz zurückbleiben – ganz allein in unserer »Kontingenz«.

Liebe ist universal – noch so eine Merkwürdigkeit

Dieses »Ich und Du« und sogar dieses »Wir« hat eine ganz merkwürdige Eigenschaft. Um es noch einmal mit den Worten Sartres zu sagen, es »überschreitet sich selbst«: Was ist damit gemeint? Gemeint ist: Wenn wir ganz innig mit einem »Du« verbunden sind, sei es als Kinder im Spiel oder als Erwachsene in einer vertrauensvollen Freundschaft oder sogar in einer Liebe, dann erwacht in uns eine Bindungsfähigkeit, ein Gefühl für *alle* »Dus«. Wer *einen* Menschen wirklich liebt, der liebt in gewisser Weise *alle* Menschen, das Menschliche *an sich.* Und zwar nicht abstrakt, sondern ganz sinnlich, ganz unmittelbar.

Das ist ein merkwürdiges Paradox, zu dem unsere Gefühle fähig sind: Wir können *universell* lieben. Wir können mit »den Menschen an sich«, dem »Mensch-Sein« versöhnt und einverstanden sein. Aber wir sind es nur dann, wenn wir in unserem Alltag die Nähe, Wärme, ja Liebe eines anderen Menschen empfinden dürfen. Und wer ist begabter darin, uns seine Liebe spüren zu lassen als unsere Kinder?

Wenn wir mit unserem Körper einen anderen Körper berühren und uns dabei noch einmal ganz anders spüren als sonst in der Hetze und Ungeduld des Alltags – wann gelingt uns das inniger, als wenn unser Kind auf uns herumklettert oder in unserem Arm einschläft? Wenn wir einen anderen

Menschen beglückt anschauen, lachend und vergnügt, und unser Schauen wird beantwortet – wer strahlt uns vorbehaltloser an als unsere Kinder? Immer dann haben wir eine Ahnung davon, wie begrenzt es ist, dieses hochgeschätzte »Ich«.

Ganz allein verlieren wir manchmal geradezu das Gefühl für die Wirklichkeit, die uns umgibt, dann ist es manchmal so, als wäre alles nur ein Schein, ein Gespinst, eine Erfindung unseres Geistes. Dann brauchen wir einen anderen Menschen, ein freundliches Gesicht, ein Lächeln, das uns zur Rückkehr in die wirkliche Welt ermutigt.

Achten wir nur darauf, dann entdecken wir, dass sich unser selbstbewusstes und dabei oft so verzagtes »Ich«, das in unserer Kultur so viel gilt, am liebsten fortwährend »übersteigen« will. Es will mehr sein als »Nur-Ich«. Will sich auch einmal lösen, sich selbst entlassen aus der Enge der ewig unbefriedigten »Bedürfnisse«.

Unser Handeln sucht nach dem anderen, mit dem wir Worte und Blicke und Ambitionen teilen – egal ob auf dem Spielplatz im Sandkasten oder in einer hoch angesehenen Institution der Bildungsforschung. Sogar unsere Sinne drängen nach Vielfalt, suchen das Erstaunliche, das Befremdliche in der oft viel zu gleichförmigen sozialen Welt. Auch unsere Sinne möchten mal überrumpelt, überwältigt werden, möchten schauen und staunen auf eine Art, dass wir vor lauter Intensität des Staunens unser kleines begrenztes Ich ganz vergessen. Das alles hat mit Glück zu tun, mit der Berührung der Blicke, der Hände, der Haut, dem Widerspiel der Worte und Stimmen – das ist Versöhnt-Sein, versöhnt mit dem Mensch-Sein an sich. Dem eigenen und dem anderer Menschen.

In der Welt haben wir Angst – Jesus hat es gewusst. Und er fährt fort: »Ich habe die Welt überwunden.« So vieles wird hier angesprochen. Ich will es in aller Bescheidenheit zumindest umreißen. Das eine: Wenn uns ein wenig von dieser Selbst-

Überwindung gelänge, dann wären wir dem Tod und der Todesfurcht nicht so restlos, so maßlos ausgesetzt, wie wir es heute sind. Wir hätten immer noch Todesängste, aber gleichzeitig auch eine Ahnung, einen Schimmer von jenem Satz, den Jesus, als auch er von Todesfurcht erschüttert war, aussprach: »Aber nicht wie ich will ...«. Wo wir unser Ich loslassen, seine Enge und Bedürftigkeit »übersteigen«, da eröffnet sich eine andere Realität, eine voller Hoffnung. Man muss sie nicht gleich »Glauben« nennen.

Ungeheuer ist vieles …

»Öde ist der finstere Raum da droben«, klagte E.T.A. Hoffmann vor fast 100 Jahren. Die Krise des Glaubens ist nicht neu. Aber wir Menschen konnten und können nicht ertragen, dass dieser Raum über uns, der Himmel, öde sei, leer und wie ausgeräumt von allem Sinn.

Nur sind wir Erwachsenen viel zu rational und vernünftig, zu realitätsgerecht, wie die Psychologen sagen. Und immer so getrieben, dass wir nicht zum Nachdenken kommen. Alle Sinne und viel Ehrgeiz sind auf ein nächstes Ziel und dann ein übernächstes gerichtet und so immer weiter. Wir werden ganz müde und ausgetrocknet darüber. Nur in Träumen steigen manchmal Angstbilder auf.

Bei Kindern ist das anders. Ich möchte Ihnen etwas vorschlagen: Nehmen Sie Ihren Sohn oder Ihre Tochter – oder beide – an die Hand und begeben Sie sich auf eine Nachtwanderung, bewaffnet nur mit einer Taschenlampe und mit viel Mut. Söhnchen oder Töchterchen bibbern schon vor Abenteuerlust und ein bisschen Angst, deshalb suchen sie jetzt vertrauensvoll Papas Hand – eine bessere Erziehung gibt es gar nicht. Auf einer Lichtung oder einer Wiese, vielleicht in der Nähe eines Teiches, bleiben Sie stehen und schauen gemeinsam zum Himmel hinauf. Dann kommen dieselben Fragen, die wir als Kinder auch schon gestellt haben: »Wo endet das Universum,

Papa?« »Wirst du wirklich nie sterben, Papa, wirst du mich nicht allein lassen?« (Jetzt wird es schwierig.) Aber dann wendet sich der kindliche Sinn schnell wieder Versöhnlichem, Tröstlichem zu: »Wo wohnt eigentlich Gott?«

Die Unermesslichkeit des Himmels und der Gestirne über uns haben schon Kant beeindruckt. Die Abgründe in uns und die Unendlichkeit über uns: Zwischen beide sei das Schicksal des Menschen eingespannt, schrieb er. Es ist unerforschlich. Wir dürfen das unseren Kindern ruhig mitteilen.

Wir Eltern müssen nämlich nicht auf alles eine Antwort wissen, wir müssen nicht allwissend sein, das wollen Kinder gar nicht. Wir sollen nur verlässlich sein und natürlich stark. Dann trauen sie sich auch weitergehende Fragen zu, in denen sich ihre tiefsten Kinderängste und -sehnsüchte offenbaren: »Wenn Gott da oben wohnt, ist Großvater dann bei ihm?«

Und was antworten wir? Eine Antwort ist diese: »Eigentlich ›wohnt‹ Gott gar nicht. Er ist ja kein Mensch!« Die 7- oder 8-Jährigen horchen dann schon auf. Aber wenn er nicht »wohnt«, wo ist er dann? Kommen wir vielleicht soeben gehörig ins Schwitzen? Müssen wir aber nicht, wir müssen überhaupt keine Antworten geben, schon gar keine korrekten. Wer weiß auf solche Fragen denn *korrekte* Antworten? Wir müssen uns vielmehr in dieses weiträumige Gefühl, zu dem Kinder begabter sind als wir, mit ihnen gemeinsam hineinfinden, uns ein wenig hineinsinken lassen, den Kopf ganz ins Genick gelegt, in diesen weiten Himmel, der einen Horizont hat, aber wir wissen ja, hinter dem Horizont geht es noch weiter, unendlich weiter, und hinter dem Weiten unseres Universums gibt es noch andere, viel mehr Universen, vielleicht Parallel-Universen, woher soll man das wissen?

Wir können uns gemeinsam mit unseren Kindern anstecken lassen von dem Gefühl, dass die Welt ein Geheimnis ist. Vielleicht kehren wir dabei – wir Eltern, ganz still für uns – für einige Momente zurück zu etwas ganz Konkretem, ganz Irdischem, vielleicht zur Geburt dieses Kindes, das unsere Hand so fest umfängt; wie es uns berührt hat, als es auf die Welt rutschte oder gepresst wurde, noch verwildert von seinen vernunftlosen Ursprüngen, verklebt und eigenartig, wie es uns überwältigt hat – gar nicht so viel anders wie diese Unendlichkeit jetzt. Es war ja auch aus einem Unendlichen, einem Weltgeheimnis entsprungen.

Unser Gefühl spannt sich vielleicht weit aus in solchen Momenten, in denen wir unsere kleine Tochter oder den kleinen Sohn an der Hand halten und nach oben schauen, nicht starren, sondern schauen, in denen wir uns im Schauen wegtreiben lassen von der vernünftig geordneten Welt, ein wenig weggeben von unserer Alltagsvernunft – die Kinder genießen das. Dann stellt sich vielleicht dieser merkwürdig eindringliche Doppelcharakter ein, den wir manchmal beim Anblick unserer Kinder empfinden. Das beinahe Fremde: »Wer bist du, mein Sohn?« und gleichzeitig das unendlich Vertraute: »Ich liebe dich sehr, ich beschütze dich, soweit ich es vermag!«

Schauen wir gemeinsam nach oben, nachts, mitten im Wald oder auf einer Wiese: Jetzt drückt die 8-Jährige ganz fest Papas Hand. So ist das bei Kindern: Sie lassen sich gern locken, sie sind abenteuerlustig, aber dann flüchten sie sogleich zurück in die Vertrautheit, und das Vertrauteste ist Papas Hand und Mamas schützender Körper. Sie können dann ganz ruhig werden.

So wie jetzt. Unser Kind schaut und schaut und will gar nicht mehr reden, das Fragen hört für eine Weile auf, unsere Antwortlosigkeit auch. Wir können jetzt auch einfach mal den Mund halten und das Kind entgleiten lassen in seine ganz eigene Welt.

Nichts wäre falscher als vorzugeben, dass wir Antworten wüssten auf die unendlichen Rätsel. Nichts wäre unfairer, weil unredlich. Und Unredlichkeit angesichts der Unendlichkeit ist eine Dummheit. Besserwisserei hilft Eltern nie, schon gar nicht, wenn sie sich mit ihrem Kind auf eine nächtliche Wanderung gemacht haben und nun gemeinsam innehalten. Jetzt also schaut das Kleine, und sein Blick verliert sich, da ist eine Unendlichkeit, da ist eine Ahnung, vielleicht hat sie mit den eigenen Ursprüngen zu tun, wer weiß das schon? Es ist ein Sehnen, das anfangs noch Worte sucht, zum Beispiel wo denn der liebe Gott »wohne«. Aber dann, bei weiterem Schauen und Schweigen wird die ganze reale Welterfahrung für eine kurze Zeitspanne unwirklich. Jetzt soll Gott nicht mehr »wohnen«, er soll diesem Schimmer der Unendlichkeit, des Unbegrenzten nur seinen großen geheimnisvollen Namen geben.

Manchmal hat man das Gefühl, als stünden die Kinder, schon die ganz kleinen, mit dem Weltgeheimnis »auf vertrautem Fuß«. Nein, er »wohnt« nicht in diesem Moment, der liebe Gott, es gibt auch gar keinen »lieben Gott«. Die Mär vom »lieben Gott« benötigen wir nicht in diesem Schauen. Gott ist diese Unendlichkeit, so wie er das Geheimnis des entspringenden Lebens ist: Gott ist keine Person, kein Gegenüber, kein »Du«, Gott ist das Prinzip des Lebens, das wir nur im Augenblick der Liebe, des liebevollen Betrachtens, der Versöhnung in Anfängen ergreifen.

Solche Momente dauern nicht lange, das darf man nicht erwarten. Sie sollten auch nicht künstlich ausgedehnt werden. Wenn das Kind sich nun wieder ganz der Alltagsrealität, der »Ausgangsrealität« zuwendet und Papa ganz unsentimental fragt: »Wie weit es denn bis nach Hause?«, dann neigen wir Erwachsenen manchmal dazu, ein wenig enttäuscht zu sein. Als seien diese stilleren Momente des Kindes nur scheinbar, nur oberflächlich gewesen.

Aber das ist ganz falsch!

Sie sind eben begrenzt, zeitlich und seelisch, wir können sie nicht endlos offen halten, das würden wir gar nicht ertragen. Wir Erwachsene nicht, die Kinder schon mal gar nicht. Jetzt wollen sie ins Vertraute zurück, wie nach jedem Fremden. Und was ist fremdartiger als ein bestirnter Himmel und darüber noch ein Himmel, die Milchstraße, die man soeben noch ahnen kann, und das Universum dahinter? Jetzt wird alles wieder ganz konkret, fassbar und gegenständlich: Und in besonders klugen Augenblicken begreifen wir vielleicht, dass diese Hinwendung zum Alltäglichen nicht im Widerspruch zu den vorausgegangenen Empfindungen der Unendlichkeit, des Verrätselten steht. Ganz und gar nicht. Sie sind nur verschiedene Hervorbringungen (»Emanationen«) ein und desselben. Jetzt greife ich die Hand meines kleinen Sohnes oder meiner kleinen Tochter, ihre Hand, die Vertrautheit unserer Hände, und spüre die tiefe Zuneigung, die sie und mich im selben Moment durchdringt – sollte sie nicht auch das Weltall durchdringen? Ist das ein so ganz verwegener Gedanke? Sollte sie nicht unermesslich sein, wie jener Himmel und der Himmel dahinter und das Universum und noch mehr?

So seltsam ist es also gar nicht, wenn wir auf die naiv-kindliche Frage »Wo wohnt Gott?« antworten, nein, er »wohnt« nicht, er ist das Fließende, Klingende, Begründende, und eben so wenig seltsam ist es, dass unsere Kinder dies in manchen stillen Momenten verstehen, als seien sie längst eingeweiht.

Wir Eltern sind es in gewisser Weise ja auch: eingeweiht, und zwar durch die Existenz dieses Kindes. Mit unserer Intuition, die aus jenen Momenten der Geburt, des vorgeburtlichen Tragens, aus den allerersten zaghaften Berührungen stammt, mit unserem ängstlichen Lauschen auf seine ersten Atemzüge, mit unserer Freude über das erste Verziehen seines Mundes, das durchaus ein Lächeln gewesen sein kann – mit all jenem sind wir eingeweiht. Und sage keiner, dass die Existenz dieses Kindes, sein Atmen, seine ersten Laute, sein Lachen, sein Weinen nicht ebenso geheimnisvoll sei wie der Himmel über uns.

Dies ist das Geheimnis der Erziehung ebenso, wie es das Geheimnis der Liebe ist, und die Liebe ist Gott.

Wenn das Kind nun schließlich von Himmel und Unendlichkeiten genug hat und seine Hand vertrauensvoll in die unsere schiebt, dann sollten wir unser nächtliches Abenteuer auch richtig auskosten. Dazu braucht man nicht viel, eigentlich nur eine Taschenlampe und ein bisschen Fantasie. Mag sein, dass der deutsche Wald kultiviert, gesäubert und begrenzt ist. Aber davon lassen wir uns nicht beeindrucken, nicht mitten in der Nacht! Mit ein bisschen Anstrengung wird dieser Wald wieder, was er für Generationen vor uns war: groß, undurchdringlich, fast so, als hätte er gar kein Ende.

Jetzt knipsen wir besser die Taschenlampen an: Viel erkennen wir zwar nicht, der kleine Lichtkreis berührt hier ein Gebüsch, dort einen Baumstamm, aber alles wirkt wie aus sämtlichen Zusammenhängen herausgerissen, geheimnisvoll in seiner Vereinzelung, keine Struktur, nichts Gefügtes und Überschaubares. Das Kind nimmt dieses »Un-heimliche« begierig auf, es will die Natur in ihrer fremdesten dunkelsten Gestalt spüren.

Ersticken wir in unserem Alltag nicht vor Vernünftigkeit? Die Schärfe unserer Sinne stirbt ab und ihre Empfindsamkeit gleich mit. Aber jetzt erhält jedes Ding, jeder Zweig, jedes Gebüsch, jeder Baumstamm eine Besonderheit, die sich unserer Vernunft nicht einfach fügt.

Dieser mächtige Baumstamm, vielleicht mehr als hundert Jahre alt, vielleicht viel älter – was für ein seltsam eigenes Ding! Diese Borke, so hat sie sich noch nie angefühlt! Ein Gebüsch, in dem die Blätter sich bewegen, kaum erhellt vom Schein der Taschenlampe: ein einziges rätselhaftes Rauschen. Das Kind spürt es, wir spüren es jetzt auch. Solche Geheimnisse sind erst schön, dann ängstigend.

Jetzt ergeht es uns beiden wie dem »Knaben im Moor« in der Ballade der Annette von Droste-Hülshoff. Auf dem doch vertrauten Heimweg überfällt den Knaben die Fremdheit der Natur, er hört Gespenster in ihr weben und klagen. »Noch einmal wirft er zurück den Blick / ja im Geröhre war's fürchterlich, gar schaurig war's in der Heide.« Auch wir eilen jetzt ins Vertraute zurück. Nach Hause. Es wird höchste Zeit.

Motiviert mich bloß nicht, sagt das Kind

Jesus sagt das auch, behaupte ich.

Gut, erwidert der geneigte, aber leicht verblüffte Leser, nun erklären Sie uns mal, was Jesus damit zu tun hat, dass wir im Umgang mit unseren Kindern »motivieren«? Was hat Jesus gegen das Motivieren, können Sie das vielleicht erklären?

Kann ich!

Wann und warum motivieren wir ein Kind – und wann nicht. Motivieren müssen wir Kinder beispielsweise (selten mit Erfolg), wenn es um Schulaufgaben geht. Nachmittags bei strahlender Sonne soll es auf seinem kleinen Hintern im stickigen Zimmer hocken und Zahlenreihen von oben nach unten rechnen – *das* bedarf der Motivation. Die Groß- und Kleinschreibung und die ganzen grammatikalischen Hierarchien, dazu noch das Dehnungs-h, dies zu üben, bedarf ebenfalls der Motivation. Aus sich selbst heraus hat all das für den kleinen Schüler nämlich überhaupt keinen Sinn.

Wir könnten nun auf den ersten Blick die These aufstellen, dass wir Kinder zu all dem motivieren müssen, wozu sie keinen Spaß haben. Das stimmt aber gar nicht.

Wenn ein Kind beispielsweise ein Vogelhäuschen bauen will, weil es im letzten Winter so heftiges Mitleid mit den armen hungernden Vögelchen hatte, dann macht ihm das Zurechtschnitzen der Holzstücke oder das Aufzeichnen einer kühnen Dachkonstruktion auch keinen oder jedenfalls keinen überwältigenden Spaß. Das Kind tut es trotzdem, ganz ohne Motivation. Der Unterschied ist ein anderer.

Nehmen wir ein simples Beispiel.

Gerade eben schaute ich hinunter auf die Fußgängerzone, die direkt unter dem Fenster meiner Praxis verläuft. Dort gibt es Tag für Tag unendlich viele Dinge zu sehen. Die schönsten haben mit Kindern zu tun. Dies ist eine der wenigen Fußgängerzonen, in denen Kinder die Mehrheit der Menschen ausmachen, zumindest die gefühlte Mehrheit. Sie wieseln hin und her, kreischen und lachen, zwischendurch heulen sie los, als hätte man eine Sirene eingeschaltet. Kurzum, wo Kinder sind, ist etwas los! Und wo etwas los ist, da gibt es viel zu beobachten, wie Folgendes: Ein etwa eineinhalbjähriges Kind kletterte, gegen den Widerstand seiner Mutter, aus seinem kleinen Buggy, weil es auf eigenen Beinen laufen wollte. Das gelang ihm allerdings höchst unzureichend. Es bewegte seine kleinen ungelenken Beinchen, die immer wieder einknickten, mühsam voran, purzelte hin, hob den Kopf, überlegte kurz, ob lautes Gekreische angebracht sei oder nicht, entschied sich dagegen und rappelte sich wieder auf. Dann stand es also, äußerst wackelig, und probierte erneut und mit Eifer die nächsten Schritte: diesmal gelangen sie ihm schon etwas besser, vier oder fünf Schritte mehr als zuvor – und dann fiel es wieder hin. Erneut der knappe verdutzte Gesichtsausdruck, die Entscheidung, aufzustehen statt loszukreischen und den mühsamen »aufrechten Gang« fortzusetzen.

Dieses Kind musste von niemandem »motiviert« werden, dabei machte ihm das Hinfallen ganz offensichtlich keinen Spaß. Sich wieder aufzurichten, war beschwerlich, auch kein richtiger Spaß. Mit Spaß kann man die Unbeirrbarkeit, mit der dieses kleine Wesen seine Bemühungen ausdauernd fortsetzte, überhaupt nicht erklären.

Motiviert werden musste es trotzdem nicht. Ganz im Gegenteil. Die Mutter versuchte sogar, ihr Kind zu »de-motivieren« und zwar heftig. Vielleicht hatte sie es eilig und die holprig-stolpernden Gehversuche dauerten ihr viel zu lange. Jedenfalls hob sie es schließlich auf und packte es mit einigen kräftigen Gesten in den kleinen Wagen zurück. Nun könnte sich dieses winzige Wesen doch ganz behaglich und ohne ein einziges Mal umzufallen die Fußgängerzone entlangschieben lassen.

Aber das wollte es nicht.

Es wollte unbedingt raus aus dem Buggy, unbedingt auf eigenen Beinen stehen, wollte dabei in Kauf nehmen, dass es umfiel und sich möglicherweise wehtat, wollte seine schwierigen Versuche auf Biegen und Brechen fortsetzen. Das Kind folgte keinem »Spaß«, es folgte keinem »Lust-Haben«, es folgte vielmehr einer tief in ihm angelegten Entfaltung seines kleinen Daseins. Es wollte »auf eigenen Beinen stehen« und sich aus eigener Kraft »der Welt stellen«, also buchstäblich selbst-ständig werden. Es folgte gleichsam einer »Wahrheit« seiner Entwicklung, die menschheitsgeschichtlich in ihm angelegt war, es folgte seinem Wesen und seinem Willen – wie gesagt, mit Spaß oder Nicht-Spaß hat das alles wenig zu tun. Aber, anders als die Hausaufgaben, mit »Sinn«.

Eine innere Wahrheit trug es und trieb es voran, eine Wahrheit, an der es nichts zu deuteln gab. Die Tatsache, dass dieses Kind sich solch »innerer Wahrheit« nicht im Geringsten bewusst war, ändert an der Sache nichts. Sie existiert! Existiert an sich, angelegt im Sein dieses Kindes. Da kann die Mutter motivieren oder demotivieren, so viel sie will, sie wird ihr Kind niemals gegen seine innere Wahrheit lenken können. Allenfalls wird sie wilden Trotz ernten und ein gehöriges Geschrei dazu.

Jetzt kommen wir der Sache schon näher.

Zur *Wahrheit* muss man keinen Menschen motivieren, man *könnte* es nicht einmal. Von der Wahrheit abbringen, kann man ihn auch nicht, jedenfalls nicht ohne Gewalt. An dieses Kind war, metaphorisch gesprochen, ein Auftrag oder eine Botschaft ergangen: Du sollst dich aufrichten, ein eigenes Wesen werden, ein eigenes Sein entfalten, mit eigenem Sinn.

Nie muss man ein Kind dazu *überreden,* auf allen Vieren und danach aufgerichtet auf eigenen Beinen zu laufen, schon gar nicht mit dem Versprechen, dass es anschließend eine Süßigkeit bekäme. Nie muss man ein Kind zum Sprechen überreden, denn Sprache ist auch so eine innere Notwendigkeit. Sie eröffnet ihm die Welt, die Berührung und Betrachtung, die Ordnung und die Empfindung der Welt. Sie eröffnet das Angeschaut-Werden und das Gerufen-Werden – und das Antworten. Lauter Wahrheiten.

Das ist es, was Jesus gegen das »Motivieren« einzuwenden hätte – hätte er denn jemals eine solch skurrile Wortschöpfung kennengelernt. Jesus ging es um die Wahrheit des Menschen und zwar die reine Wahrheit. Er nahm dabei erstaunlich wenig Rücksicht, verhielt sich weder politisch korrekt noch ließ er sich ein einziges Mal dazu verführen, einen Menschen auf pädagogisierenden Umwegen auf einen Weg zu locken, den er, Jesus, zwar für richtig hielt, den dieser andere Mensch aber nicht als sein Ziel, seine Wahrheit erkannt hatte. Jesus war an dieser Stelle kompromisslos.

Er kannte die Wahrheit und er konfrontierte seine Jünger und alle, die ihm zuhörten, mit ihr. Er bestand auf der Wahrheit. Wahrheits-Sätze sind keine umständlichen Sätze. Wahrheits-Sätze sind klare und einfache Sätze. Sie haben freilich manchmal eine Härte, mit der wir erst einmal zurechtkommen müssen. Manche erschraken, als sie Jesus hörten. Nahm er Rücksicht auf sie? Formulierte er danach behutsamer, zögernder, nahm er seine Zuhörer mit auf eine gedankliche Reise, die erst mit Umschweife und rhetorischer Eleganz in die menschliche und göttliche Wahrheit führte? »Holte er die Menschen dort ab, wo sie waren?«, wie ein pädagogisches Klischee lautet? Nichts davon!

In Luthers Übersetzung beginnen viele Jesus-Sätze so: »Wahrlich, ich sage euch ...«. Dies ist eine radikale Sprache der Nicht-Motivation. Es ist eine rücksichtslose Sprache, weil die »Sicht« ganz auf die innere Wahrheit dessen gestellt ist, der hier angesprochen wird. So hörten sie die vielen, die vielleicht zu Hunderten oder Tausenden um jenen Berg lagerten, auf dem Jesus seine grundsätzlichste Predigt hielt, die Bergpredigt. Sie beginnt exakt mit diesen Worten: »Wahrlich, ich sage euch ...«. Und dann? Dann folgt eine Zumutung nach der anderen: »Selig sind die, die geistig arm sind.« Kinder, sogar die hyperaktiven Jungen in meiner Praxis, lieben diesen uneingeschränkten, klaren, direkten Tonfall und fangen an, über seinen Sinn nachzudenken.

So müssen wir mit unseren Kindern sprechen – freilich gelingt das nur, wenn wir selbst »wahrhaftig« sind.

Mir ist etwas Merkwürdiges aufgefallen. In meiner Praxis treffe ich die besonders schwierigen Kinder, kleine Schläger mitunter, 14-jährige Mädchen, die sich selbst verletzen und ihr Spiegelbild nicht leiden können, 16-jährige Jungen, die sich mit Cannabis vollsaugen, um ihrer Wirklichkeit zu entfliehen – junge Menschen also, die es mit sich und ihrer Wahrheit schwer haben. Ausgerechnet sie sind von dem Gestus solchen Redens, von dem Klang dieser Sprache, von dieser Entschiedenheit der Seinsaussage beeindruckt. Wir haben viel Spaß zusammen, wenn wir Passagen aus dem Neuen Testament lesen. Da stellt sich oft – wie soll ich es nennen? – eine *Wucht* des gemeinsamen Denkens entlang dieser radikalen Sätze ein. Wir wollen sie zu fassen kriegen, be»greifen«.

Bei den »Emos« beispielsweise (muss ich erklären, welcher Typus Teenie das ist?) oder den »Gothics«, also diesen wütend Düsternis und Tragik aufsuchenden Kids, beginne ich eine Therapiestunde schon mal – neben der Bergpredigt, die ich inzwischen fast auswendig hersagen könnte – mit der Apokalypse des Johannes. Spätestens der siebte Engel, das ist der mit dem Flammenschwert, *entzückt* die Pubertierenden geradezu. So etwas haben sie noch nie gehört. Ihre pubertär anmaßenden Totschlag-Träumereien auf den Gothic-Webseiten sind bieder im Vergleich zu den Engeln der Apokalypse. Wenn schon düster, dann richtig, sage ich ihnen, und wir lesen. Motivieren muss ich sie nicht, ich bin ja mit diesen großen Texten ihnen und ihrer innersten Befindlichkeit auf der Spur!

Wir reden nicht um die Dinge herum. Die »korrekte« Sprache vieler Pädagogen und Therapeuten geht den jungen Leuten sowieso auf die Nerven. Hier ist nichts korrekt, sondern ins Äußerste getrieben. Die Kinder fühlen sich konfrontiert, sie spannen ihre Aufmerksamkeit. Was wird da geredet, welche Geheimnisse werden da in Metaphern und gewaltigen Bildern versteckt? Sie wollen es wissen, es ist ihre ungenau gefühlte Wahrheit, die zur Sprache kommt.

Kurzum, ich behaupte: Kinder, vor allem die schwierigen, haben eine Affinität zur Radikalität des Heilands. »Ich kenne deine Wahrheit und ich weiß um die Bedeutung meiner Botschaft ebenso gewiss wie um die Erlösung des Menschengeschlechts« – so redete er. Nehmen wir Petrus zum Beispiel, jenen vermutlich eher ängstlichen Charakter. Wie erschrocken er gewesen sein muss, als Jesus ihm sagte: »Du bist der Fels, auf den ich meine Kirche bauen werde.« Nein, Jesus zögerte nicht, er fragte nicht. Er stammelte keineswegs behut- und einfühlsam: »Meinst du, du wärst davon überfordert, ein Fels zu sein ...?« Jesus erkundigte sich nicht nach verborgenen Motiven, die seine Jünger daran hindern könnten, seiner Botschaft zu folgen. Dann wäre nämlich nichts daraus geworden. Kein Fels, kein Steinchen, kein gar nichts.

Nein, Jesus stellt etwas fest. Er »stellt« die Wahrheit »fest«. »Du wirst der Fels sein« – im Klang der Sprache ist es schon vorweggenommen, Petrus wird es sein! Und er wurde es. Ein Fels, gewiss, ein menschlicher, also irritierbarer, ein verängstigter, einer, der sich in den Gassen verbirgt am Tag der Hinrichtung, und den schließlich doch ein aufrechter Gang ganz zu sich selbst und seinem innersten Auftrag hinzieht. »Du wirst es sein!« Eine Seins-Aussage, keine Motivation, keine Überredung, nicht einmal eine Aufforderung, sondern eine Gewissheit.

Es ist schon merkwürdig, dass unsere Kinder für diese Sprache ein feines Empfinden haben. Da merken sie auf. Da ist von etwas die Rede, das keine Umkehr duldet und Unentschlossenheit nicht zulassen kann. Diese Art des Sprechens verrät, dass es um Bedeutsames geht und nicht um den nächsten Mathetest oder das Wohlverhalten, wenn die Großtante zu Besuch kommt. Es geht um etwas so Bedeutungsgewisses wie bei dem eineinhalbjährigen Kind, das sich auf die eigenen Beine stellen wollte und von diesem Willen nicht abzubringen war, weder durch einen Sturz noch durch den Unmut der Mutter. Dessen Wille war auch wie ein »Fels«.

Wahrheiten haben eine bestimmte Denk- und Aussageform. Nirgends finden wir sie so eindeutig, so rückhaltlos, so ganz ohne Absicherung, wie in jenen Sätzen, mit denen Jesus durch das unterdrückte Israel zog. Allein seine Stimme, der Klang seiner Sprache war Aufruhr. Und damit kommen wir zum letzten Gedanken: Wahrheit ist immer aufrührerisch.

Motivierende Sätze hingegen beschwichtigen, ja schlimmer, sie wollen von ihrer eigentlichen Intention ablenken. »Wenn du für deinen Mathetest lernst, darfst du morgen Fernsehen gucken«, so versuchen hilflose Eltern ihre Absichten zuckersüß zu überspielen.

Das kann gar nicht gut gehen!

Solches »motivieren« ist der Lüge benachbart. Kinder durchschauen sie. Sie wollen das nicht. Schon gar nicht von ihren Eltern, die sie ja lieben. Von ihren Eltern wollten sie Wahrhaftigkeit. Nicht zuletzt, weil es Liebe ohne Wahrhaftigkeit nicht geben kann. Sie wird beschädigt. Kein Kind will das.

Kinder sind wahrhaftig, sogar wenn sie lügen

Fällt Ihnen etwas auf? Kinder reden und agieren ganz ähnlich wie der kompromisslose Prophet. Keine Umwege. Mit der ganzen urwüchsigen Macht ihres Willens stürzen sie sich in das, was gerade in ihnen vorgeht, was beherrschender Teil ihrer Existenz ist. Sie bringen es zur Sprache oder zum Geschrei, ohne Rückhalt. Kinder sind unfähig zu »motivieren«. Allenfalls können sie schmeicheln, tun dies aber so offensichtlich, dass ein Vater, der von seiner kleinen Tochter zum zweiten Eis überredet wird, schon selten dämlich sein müsste, um nicht zu erkennen, dass ihre Schmeichelei keine andere Wahrheit ausdrückt als eben diesen Wunsch nach einem Eis.

Darunter freilich liegt eine zweite Wahrheit. Dieses Kind hat Papa wirklich lieb, sonst könnte es gar nicht schmeicheln. Mit anderen Worten, Kinder können sich drehen und wenden, wie sie wollen, sie äußern immer die Wahrheit. Sie können nicht anders. Sie sind wahrhaftig, paradoxerweise sogar dann, wenn sie lügen. Dann verraten sie sich. Mal laufen ihnen die Ohren rot an oder sie zappeln mit den Beinen hin und her, während sie mit erbaulichem Augenaufschlag die eine oder andere Behauptung vorbringen. Kindern ist unmittelbar, ganz weit oben in ihrem Bewusstsein, ins Gesicht und in den Körper geschrieben, dass ihre Worte ihrer Wahrheit widersprechen.

Falls ein kluger Erwachsener auf solche kindlichen »Lügen« nicht moralisch empört reagiert, sondern sie lächelnd darauf hinweist, dass zwischen ihren Worten und dem, was sie verbergen, eine gewaltige Diskrepanz steckt, dann ist die häufigste Reaktion, sofort nachzugeben. Ein breites Grinsen zieht sich über das Gesicht, die Kinder fühlen sich erwischt. Erwischt heißt aber auch, sie wussten die ganze Zeit, dass sie mit dem Mund etwas aussprachen, was ihrer Wirklichkeit zuwiderlief. Ein geduldiger Erwachsener, der ihnen dies aufzeigt, vielleicht mit einem einverständigen Lächeln statt eines empörten oder gar strafenden Blickes, kann sie sofort zu ihrer Wahrheit zurückführen. Das ist ganz einfach.

Erst wenn Eltern meinen, sie müssten nun ihrer Empörung durch ordnungsgemäße Strafen Ausdruck verleihen, erst dann rückt das Kind von dieser Wahrheit ab, erst dann verteidigt es mit Zähnen und Klauen seine Lüge, dann kann es sich sogar so weit in seine Nicht-Wahrhaftigkeit verstricken, dass es nicht mehr in der Lage ist, Wirkliches und Unwirkliches auseinanderzuhalten. Mit Strafen und Moralisieren kann man Kinder in die Unwahrhaftigkeit treiben, in einen Wesenszug, der ihnen eigentlich fremd ist.

Jesus war kein Strafprediger. Wenn er erkannte, dass ein Mensch seine Bestimmung verfehlte, dann mahnte er nicht, er wendete sich einfach ab, so wie bei dem reichen Kaufsmannssohn in der Bibel, dem er keine Moralpredigt hielt, sondern den Verlust seiner Wahrhaftigkeit vor Augen führte. Seine Worte richtete er an diejenigen, die ihm zuhörten und zuhören wollten, nicht an den reichen Sohn, der eine Bestimmung – etwas »Bestimmtes« – in sich gefühlt hatte und ihm doch nicht folgen konnte. Jesus wendete sich ab und überließ ihn dieser zwiespältigen Wahrheit: *Du verfehlst dich selbst.*

Mit Moral oder Belehrung ist da nichts auszurichten. Nur die Wahrheit, die in der Härte der Abwendung zum Ausdruck kommt, soll deutlich werden, klar werden, fast unerbittlich, so wie die Worte, die Jesus nicht dem Kaufmannssohn, aber den Umstehenden mitgab: »Eher geht ein Kamel durch ein Nadelöhr (ein schmales Tor in der Stadtmauer Jerusalems), als dass ein Reicher in den Himmel kommt« (Matthäus 19,24).

Diese Worte darf man nicht falsch verstehen, darin ist kein Urteil enthalten. In der Bibel finden wir keinen Satz darüber, was aus dem Kaufmannssohn wurde und welchen Weg er einschlug. Es kann auch ein Weg in die innere Freiheit gewesen sein. Jesus hat ihm dies jedenfalls nicht verwehrt, weder durch Mahnung noch durch falsche besänftigende Zuneigung nach dem Motto: »Ich weiß, dass du deinen Weg schon noch finden wirst, du musst nur an dich glauben«, oder was sonst an therapeutischen oder pädagogischen Sätzen denkbar gewesen wäre. Nichts davon. Nur dieses »eher geht ein Kamel durch ein Nadelöhr ...«. Eine bittere, eine unerbittliche Härte. Sie ist die letzte Zuflucht der Wahrheit, die auch jenem reichen Sohn offenstand oder offengestanden hätte.

Diese Wahrheits-Sprache sind wir nicht gewohnt. Sie werden beim Lesen dieser Zeilen vielleicht bemerkt haben, dass wir geradezu instinktiv vor ihr zurückzucken. Gibt es da nicht das eine oder andere zu bedenken, die eine oder andere Differenzierung? Nein, wir mögen die Sprache der Wahrheit nicht. Aber von unseren Kindern können wir sie lernen. Sogar von den ganz Kleinen.

Auf einmal die Wahrheit, und wir erschrecken

Das haben Sie auch schon erlebt: Mitten in einem Gespräch, das lange Zeit um hundert und kein Thema kreiste – austauschbar, plaudernd und beliebig –, kommt plötzlich eine unerwartete Ernsthaftigkeit auf. Jemand hat mit einem Wort oder nur mit seinem Tonfall, dem Klang seiner Stimme etwas berührt. »Plötzlich« ändert sich der Charakter des Gesprächs, manch einer wendet sich jetzt ab. »Plötzlich« hat der Abend ein anderes Gesicht. Das Partygeplauder, der routinierte Gesprächsverlauf gerät ins Stocken, manchem ist es peinlich. Für einen Moment ist nichts so, wie es vorher war. Ein Gegenüber, einer aus der plaudernden Gesprächsrunde, ließ etwas von sich erkennen. Vielleicht war es ihm selbst nicht bewusst.

Ob jetzt ein Stück Wahrheit in unser Gespräch eintritt oder ob es wieder im Geplänkel der Gesprächsrituale versinkt – das hängt auch von meinem Zuhören ab. *Jede Wahrheit muss beantwortet werden, sonst verstummt sie.* Oft ist es ein uralter Schmerz, ein verborgener, der da plötzlich zur Sprache kommt. Wir haben nicht damit gerechnet. Die Wahrheit – die seelische und jede andere auch – drängt sich unvermutet auf. Sie irritiert. Wahrhaftigkeit verstört. Das ist immer so.

Wenn ich jetzt die Kraft habe, dieses Unwegsame, Beschwerliche, Peinliche, das mir unvermutet mitgeteilt wird, auszuhalten, aufmerksam und behutsam, nicht mit vielen Worten, sondern wenigen oder gar keinen, nicht mit aufgeregten Gesten, schon gar nicht mit beschwichtigenden – wenn ich einfach nur höre, hinhöre, meine Sinne und mein Verstehen anspanne, hin zu dem Gegenüber, dann werde ich zwar nur mit seiner ganz persönlichen, ganz eigenen seelischen Wahrheit konfrontiert. Aber die Wahrheit hat, wie die Liebe, einen ganz besonderen Charakter. Sie ist immer *auch* allgemein, universell. Insofern ist dies auch richtig: Es ist nicht nur die »Wahrheit« meines Gegenübers, meines »Du«, es ist immer auch *meine* Wahrheit, die hier ausgesprochen wird.

Wie er darüber erzählt, welche Worte ihm zufallen, welche Tiefe seine Erinnerung berührt oder ob er in der Mitte des Erinnerns erschrocken abbricht und mit leerem Gesicht auf mich schaut, ob er sich, einige Sätze lang, einige Minuten lang oder mehr, in etwas verlieren und verirren kann, das in seinem Bewusstsein und seinem Erinnern jetzt mühsam aufsteigt oder ob er sein Reden mit einer abfälligen Geste abbricht – dies alles hängt jetzt ganz und gar von mir ab. Von meinem Blick, meiner Aufmerksamkeit, der Bewegung meines Kopfes, den ruhigen oder fahrigen Gesten meiner Hände. Es ist seine Wahrheit, gewiss, aber sie ereignet sich in der Gegenwart, und diese Gegenwart umfasst uns beide.

Es ist sein Erleben, aber ich teile es mit meinem Verstehen. Es bereichert mich oder erschreckt mich, wenn ich entlang seiner Worte einer eigenen, verborgenen Wahrheit nachspüre. Jetzt horche ich noch mehr auf, höre genauer hin, und mein Gegenüber spürt meine Wachheit und redet weiter, tiefer, vorbehaltloser, furchtloser.

Ich spreche von seltenen Momenten, aber sie können sich jederzeit ereignen. »Plötzlich« sind sie, wie gesagt, unerwartet, manchmal einfach zufällig. Wir alle haben sie schon einmal erlebt, vielleicht ist es uns gar nicht bewusst geworden. So erging es mir, als ich auf der Bank am Rand eines Spielplatzes hockte und meiner kleinen Tochter zuschaute, die vergnügt Sandtörtchen buk und zwischendurch das Dach eines kleinen Holzhäuschens zu erklimmen versuchte. »Plötzlich« begann eine Frau, die sich wohl zufällig neben mich gesetzt hatte, zu sprechen. Wovon sie in diesem Augenblick berichtete, soll hier nicht erzählt werden. Für das, was ich damit beschreiben möchte, ist der Inhalt nicht wichtig. Vielmehr ist es die Art des plötzlich aufspringenden Vertrauens, der unbegründeten Nähe, auf die es ankommt. Solche »Wahrheiten« haben eine Affinität zum Fremden, Fremdartigen, sie sind unvertraut, sind »plötzlich« da und wir dürfen ihnen durchaus vertrauen. Die Frau neben mir hatte vermutlich gar nicht mit mir sprechen wollen, sie hat es sich nicht vorgenommen. Vielleicht war es nur mein lächelnder Blick auf die Tochter, neben der ihr Sohn jetzt im Sandkasten hockte (die beiden spielten ungezwungen, als wären sie seit Ewigkeiten befreundet), vielleicht öffnete dies ihr Herz und ihre Sprache, und sie begann zu reden. Sie erzählte von Dingen, die sie wohl lange verdrängt, weggeschoben hatte. Jetzt standen sie ihr vor Augen, mit jedem Satz mehr. Und mein Zuhören vertiefte ihr Erinnern.

Ratschläge, auch wohlmeinende, zerstören diese Ehrlichkeit. In gewisser Weise wollen Menschen, in denen eine bedrängende Wahrheit endlich Sprache findet, nicht getröstet werden. Eiliger Trost lenkt zurück in die Normalität des Alltags – wir haben ihn, den Trost, meist so fix parat, um uns bedrängende Schicksale vom Leib zu halten.

Der Sprechende will das nicht, er will vielmehr, dass ich, der Zuhörer, der zufällige, für Momente in seiner Erschütterung mit ihm vibriere. Verstanden zu werden, das allein bedeutet zu wenig. Realitätstüchtige ordnende Behutsamkeit, ein feinfühliger Rat, ein Trost – so nützlich sie in vielen Phasen des Lebens sein mögen – sind jetzt nur verharmlosende Beschwichtigungen. Wir reden hier nämlich von einem Bruch, einem Einbruch ins Gewohnte. Vielleicht dauert er eine halbe Stunde, vielleicht einen Vormittag. Zeit und Raum verdichten sich in einer neuen Art von Gegenwart, die uns zustößt. Es geschieht nicht oft. So ist das mit den wenigen wahrhaftigen Begegnungen, die wir unvermutet haben.

Jesus, dieser auffällige Mensch, schuf solche Momente der Wahrheit, wo er stand und ging. Unvermittelt, wie in der Bergpredigt, erhob er seine Stimme und sprach von den erstaunlichsten, befremdlichsten Dingen. »Selig sind, die arm im Geist sind«, so begann er eine seiner großen Reden. Er kennt keine rhetorischen Tricks, er macht keine Umstände, er ist direkt. Und seine Gefühle sind es auch, seine Gesten, sein Klagen. Am Totenbett des Lazarus war sein Kummer überwältigend. Da ist nichts von der hochfahrenden tröstenden Geste des Alleswissers – nein, er weint. Er ist erschüttert. Die Gewalt des Todes hat ihn ergriffen. Auf dem Berg Golgota ebenso. Er ist bleich vor Angst, er schwitzt vor Angst. Und ringt sich nur mühsam durch zu jenem letzten Satz des Einverständnisses: »Aber nicht wie ich will ...«. Hart weist er den reichen Kaufmannssohn ab, ohne förmliche Höflichkeit. Jesus ist immer ganz nah an der Wahrheit und scheut ihre Erschütterung nicht, für sich selbst nicht und nicht für die Umstehenden.

Diese erschrecken oft, sind befremdet. Seine Rede ist »wunderlich«. Man kann sich gut vorstellen, wie die besonnenen, vernünftigen Menschen auch zu seiner Zeit ratsuchend um sich schauten: Kann endlich jemand hier mal wieder Ordnung herstellen, kann dieser Provinz-Prophet aus Nazaret nicht zurückhaltender sein mit seinen Reden, muss er mit allem so herausplatzen, ob wahr oder nicht, das gehört sich einfach nicht. Hätte er sich am Totenbett des Lazarus nicht einige versöhnliche Worte einfallen lassen können – statt zu weinen. Und der bedauernswerte Kaufmannssohn, hätte er ihm nicht das ein oder andere aufbauende Wort gönnen können. Hätte er ihn nicht zum Besseren ermutigen sollen, statt ihn, der ja immerhin Rat suchte, schroff abzuweisen? Er tat es nicht. Das Neue Testament ist eine Ansammlung von knapper, direkter Wahrheit und von Erschütterungen, die sie auslöst.

Allein Jesu Verhältnis zu Maria Magdalena: ein Skandal, ungeordneter geht es ja wohl nicht. Möglicherweise war Liebe im Spiel, was den Skandal nicht mindert. Und damit nicht genug. Ausgerechnet ihr erschien er als Auferstandener zuerst, ihr und ihren Freundinnen. Das war schon eine grobe Zumutung im patriachalischen Hebräertum. Und Maria Magdalena? In diesem einen Punkt war sie ihm, unerschrocken und mutig, offenbar ganz ähnlich. Sie weinte am Kreuz neben der Mutter und war doch nicht einmal im Stand einer ordentlichen Witwe.

Jesus war gar kein Aufrührer, er wich nur der Erschütterung nicht aus. Er verbreitete Wahrheiten, das ertrugen die bestallten Prediger jener Zeit, die Hohenpriester und andere, nicht, und eine verführbare Menge brachte es auch auf. Käme Jesus heute zurück, platzte er in unsere Gegenwart hinein, wäre es nicht anders, man würde ihn wohl gar nicht so lange gewähren lassen, sondern gleich mit einer statistisch-diagnostischen Legitimation in eine psychiatrische Klinik einweisen. Dann wäre man ihn los!

Wahrhaftig, bis an die Grenze des Verletzenden, des Erträglichen, so war er, der Menschensohn.

Und unsere Kinder sind genau so.

Wir müssen nur hinschauen. Unsere Kinder sind erschütterbar, bei geringstem Anlass. Die ganze Melancholie alles Lebenden und Sterbenden ist ihnen vertraut. Ein toter Vogel beispielsweise, der achtlos an den Straßenrand geschoben wurde – sie können ganz lange über dem kleinen, fast verwesten Körper hocken und weinen. Und sie wollen hinterher schutzlos über das Tote reden, ob dies vielleicht derselbe Vogel sei, den sie morgens am Fenster hatten vorbeifliegen sehen, wäre das nicht schrecklich? »Was ist mit ihm passiert, was ist Tot-Sein, Papa?« Sie hören nicht auf, da kann man sie ermahnen oder ablenken, so viel man will, nachts träumen sie noch von dem kleinen Kadaver. Sie haben nicht die Begabung, der Erschütterung Herr zu werden, sie wegzuschieben, maßvoll mit ihr umzugehen.

Oder ein Spielzeug, das verloren geht. Bevor wir schnell trösten, sollten wir lieber zuhören: »Ich kriege nie wieder so einen Bagger«, »Ich kauf dir einen neuen, mein Sohn«, »Aber es ist nicht derselbe!« Ihr Kummer ist unbeschwichtigt, darin lassen sie sich auch nicht täuschen.

Ich erinnere mich gut, wie ich damals das Lieblingsstofftier meiner Tochter – ach was sage ich, ein Fetzen Stoff war es, der im Lauf der Jahre von einem ursprünglichen Stoffwesen übrig geblieben ist – gesucht habe, mit einer Taschenlampe, nachts auf dem Spielplatz, wo es verloren gegangen war. Später kam dann noch ein Freund hinzu und wir suchten zu zweit. Zwei erwachsene Männer, bekümmert nachts auf der Suche nach einem Stofffetzen. Warum taten wir das? Die Erschütterung des Kindes hatte uns infiziert, sie brachte uns ganz durcheinander. So viel seelische Wahrheit waren wir nicht gewohnt, wir waren auch nicht dagegen gewappnet. Wir mussten deshalb dieses verquere Objekt finden. Sinnvoll oder nicht – irgendetwas war durch das kindliche Beharren auf seine Trauer in unserem erwachsenen Sinnverstand durcheinandergeraten.

Unsere Kinder reißen die Wirklichkeit des Menschen auf, darin sind sie radikal, manchmal untröstlich und dann wieder von einem Lebens-Jubel erfüllt, der uns vernünftigen Leuten auch nicht mehr zur Verfügung steht. Sie erschüttern uns, wie Jesus. Wir lassen es aber nur selten zu. Wir beschwichtigen, manchmal schimpfen wir. Unsere Kinder sind in ihrem Offenbar-Werden tiefer Seinsverfassungen unbarmherzig. Jesus war es auch.

Wenn wir ihm folgen, nachlesend in und belehrt von den vier Evangelien und dabei nicht in weihevoll gläubige Weltfremdheit verfallen und ebenso wenig in ein hochrationales überlegenes Kopfschütteln, dann verstehen wir auch unsere Kinder besser. Vielleicht klingt es überstiegen, aber ich behaupte trotzdem: Ein Kind zu lieben, das ist wie die Nachfolge Jesu antreten, ob wir dabei den Gottesglauben teilen oder nicht, ist ganz gleichgültig.

Du hast dich verirrt, mein Kind, ich will von dir lernen

Jesus sprach oft mit Zöllnern, die damals in schlechtem Ruf standen, er mischte sich gern unter die »Sünder«. Manchmal scheint es, als habe er sich überhaupt unter diesen »gemeinen« Menschen, die so wenig hatten, auf das sie sich berufen konnten, am wohlsten gefühlt. Besonders im Lukasevangelium fällt auf, dass ihm seine versöhnlichsten, seine schönsten, ja, seine poetischsten Gleichnisse immer dann einfielen, wenn er unter Zöllnern und Sündern weilte. Inmitten der Reichen, dem wohlbestallten Volk, wurde seine Rede hart, klar, manchmal so, als sei sie von einem geheimen Zorn getragen.

Als er wieder einmal bei diesen wenig angesehenen Menschen war, gab er folgendes Gleichnis zu bedenken: »Wer unter euch, der eine Herde von hundert Schafen hat, würde nicht das eine, das sich verlaufen hat, suchen und die anderen neunundneunzig zurücklassen? Wer unter euch würde dieses eine Schaf verloren geben?« Warum fällt ihm ausgerechnet dieses Bild, diese Metapher, dieses Denkbild ein? Er ist umgeben von denjenigen, die selbst auch Verlorene waren, ausgegrenzt von der Gemeinschaft jener »anständigen Leute«, die über Geld und einen guten Namen verfügten und ein sicheres Leben führten. Diese Zöllner, Handlanger des Staates und vom Staat verachtet, lebten immer auf der Kippe, wie das verlorene Schaf.

Sie gehörten nur ganz am Rand zur Herde. Und nun seine Botschaft: »Ausgerechnet ihr, die ihr selbst fast schon verloren seid und euch so leicht verirrt, müsst als Erste verstehen, dass das verlorene Schaf wertvoller ist als die neunundneunzig anderen.«

Warum wertvoller? Weil ein Schaf, nur weil es sich verlaufen hat, über ganz besondere Eigenschaften verfügt, die es von den anderen unterscheidet? Keineswegs. Was dieses Schaf auszeichnet, ist die Tatsache, dass es die Aufmerksamkeit, ja, die Sorge und Güte, des Hirten auf sich zieht. Das ist die eigenartige Bestimmung derjenigen, die fast verloren sind.

So weit eine Seite der Botschaft: Lasst euch nicht beschämen, fühlt euch nicht entwertet von den Angepassten und den Wohlbestallten. Ihr, die ihr euch so leicht verirrt, seid etwas Besonderes. Das verirrte Schaf ruft die Umsicht und die eifrige Suche des Hirten erst auf. An dem verlorenen Schaf erst erfährt der Hirte, wie ausdauernd und uneigennützig er in seiner Suche sein kann. Denn die anderen neunundneunzig Tiere sind ja viel mehr wert, erst recht, wenn man sie in Geldwert bemessen würde. Aber der Geldwert ist jetzt außer Kraft gesetzt. Und wodurch? Durch das Verlorene, das Verirrte, das diesem einen Schaf eigen ist. Vielleicht gibt es eine verborgene Wahrheit in all denen, die in die Irre gehen.

Jesus erzählt ein Gleichnis, das vieles umschließt. In seinem Gleichnis scheint das Bild eines suchenden Gottes auf. Jesus sagt: Gott sucht nach den verirrten Seelen, den verlorenen und er wartet darauf, dass sie seine Suche beantworten. Suchen und gefunden werden – das ist eine der Grundformen des Glaubens. Es ist auch eine Grundformel von Erziehung.

In der gegenwärtigen Erziehungsdiskussion ist viel von Konsequenz und Strafe die Rede. An allen Ecken und Enden wird proklamiert, dass man Kinder konsequent lenken, kontrollieren und notfalls nach jeder Verfehlung bestrafen müsse.

Vor allem die pädagogischen Ratgeber, die seit Jahren die Listen der meist gekauften Bücher beherrschen, haben diesen Tonfall. Von der »eisernen Regelhaftigkeit der Strafe« ist da die Rede, und andere Bücher atmen denselben Geist.

Der Geist von Jesus ist ein anderer. Er freut sich an den Verirrten. Übertreibe ich? Schauen wir doch noch einmal nach, wie es bei Lukas heißt, der dieses Gleichnis nacherzählt. Jesus sagt von dem guten Hirten: »Und wenn er es gefunden hat, so legt er sich's auf die Schultern voller Freude.«

Das ist nun der andere Teil seiner Botschaft und auch eine Erziehungsweisheit: Wenn ein Kind sich verirrt, wenn es zum Beispiel lügt oder stiehlt, wenn es unruhig oder »hyperaktiv« ist und in der Schule scheitert, wenn es vielleicht aggressiv wird, dann müssen gute Eltern und gute Pädagogen nach ihm suchen. Wo ist es abgeblieben? Jesus geht sogar viel weiter. Der »gute Hirte« sucht nicht nur nach dem Schaf, er nimmt es nicht nur wieder auf, und legt es um seine Schulter, nein, *er freut sich* – welch eine tröstende Geste. Das ist vergleichbar damit, wie wir unser Kind in den Arm nehmen, es hochheben, ganz eng umfassen, nicht obwohl, sondern weil es »verirrt« ist, weil es sich so ganz verrannt hat in seinen Trotz oder in eine seelische Not anderer Art. Mit anderen Worten, weil es so furchtbar allein ist.

Was sollen wir denn anderes tun als dies: Wir »halten es«, wir umschließen es mit unseren Armen, geben ihm die Wärme unseres Körpers, unsere Nähe, die seelische und die körperliche. Wir trösten es mit all den Mitteln, die uns zur Verfügung stehen, unseren Worten, dem besänftigenden Klang unserer Stimme, einem verschwörerischen Lächeln vielleicht.

Wir vermögen all dies nur, weil wir »Freude« spüren. Da wird Jesu Reden, wie so oft, geradezu eine Zumutung. Wieso sollen wir Freude spüren? Verständnis, ja, pädagogische Einfühlung und therapeutisch-erzieherisch korrektes »wertschätzendes« Verhalten? Da stimmen wir gern zu. Aber Freude?

Sie ist es, worauf es ankommt. Wenn wir, wie der gute Hirte das Schaf über die Schulter, unser Kind in unseren Arm nehmen, das verirrte, das verlorene, dann müssen, dann sollten wir, dann dürfen wir Freude spüren. Freude ist unmittelbar, sie steigt in uns auf, aus unbewussten Tiefen, die wir nicht beherrschen. Das macht ihre Wahrhaftigkeit aus. Freude sollen wir spüren, dass unser verirrtes Kind, dieses verlorene Wesen, das uns vielleicht bestohlen hat, das uns belogen hat, das uns getäuscht hat, jetzt wieder ganz nah bei uns ist. Je inniger unsere Freude, desto genauer erfahren wir, was sein Lügen und Stehlen und was weiß ich mit *uns* zu schaffen hatte. Wir begreifen durch die Nähe und den Trost, die wir unserem Kind zukommen lassen wie der Schäfer dem verirrten Tier, eine wesentliche Wahrheit, die auch im Glauben aufscheint: Wo wir uns berühren, da erkennen wir uns. Wo wir das Verirrte um unsere Schultern legen oder in den Arm nehmen, wo wir die Nähe seines Körpers spüren, da wird uns unser Anteil an seiner Verirrung erst ganz bewusst. Waren nicht wir es, die von diesem Kinde belogen oder bestohlen wurden, von denen es sich entfernt hat, vielleicht geflohen ist? Warum vor uns?

Aber jetzt ist es ja wieder da!

Die Freude darüber ist wie ein großes Erkennen, nicht nur des Kindes, sondern unserer selbst. Ich wiederhole, weil es so wichtig ist: Solche Klugheit erwerben wir nur durch unsere *Freude*. Ärger und Strafe machen uns blind.

Der Hirte, der das Schaf über seine Schulter legt, führt es zurück zur Herde, er treibt es nicht. Dieses beglückende Bild eines Tieres, das *froh* in seine Herde zurückspringt, wird erst möglich durch die Art, wie es zurückgeholt worden ist. Für ein Kind gilt dasselbe. Ohne uns findet es seine Gemeinschaft nicht wieder. Das heißt aber auch, dass wir, die Eltern, die Pädagogen, mit jedem seiner zögernden oder vergnügten Schritte und Sprünge zurück in seine Welt auf dem Prüfstand stehen.

Haben wir es auf die richtige Art zurückgeführt? Und noch einmal: Haben wir uns ausreichend über das Verlorene und Gefundene gefreut? Erst dann wird es so zurückfinden, dass es von den anderen Kindern auch aufgenommen wird.

Das ist die dritte Erziehungswahrheit, die in dem Gleichnis verborgen ist. Eltern müssen sie lernen, Lehrer auch.

Und nun noch einen Schritt weiter. Jesus erzählt auch dies. »Und wenn er heimkommt, ruft er seine Freunde und Nachbarn und spricht zu ihnen: Freut Euch mit mir!« Einfach ist es nicht, so zu reden, schon gar nicht in unserer korrekten Welt. Aber Eltern sollten es wagen. Sie sollten sich nicht verstecken, nicht insgeheim schämen für die Verfehlungen des Kindes. Sie sollten offen und klar gegenüber den anderen, der Gemeinschaft, vielleicht einer murrenden Gruppe von Eltern auf den Elternsprechtagen, vielleicht vor der Versammlung der Lehrer auf einer Klassenkonferenz deutlich machen, dass sie zu ihrem Kind stehen. Und viel mehr als das. Sie sind treu und tröstend gewesen, jetzt sind sie froh darüber. Stolz sogar, weil sie sich als Suchende kennengelernt haben. Wer solche guten Eltern mit verkniffenem Mund und anmaßender Moral betrachtet und missbilligt, mag ersticken an seiner Herzenskälte. Sie stehen für ihr Kind ein und damit für sich selbst. Trost und Freude und der schöne Anblick des heimgekehrten Wesens haben ihre Liebe wieder wachgerufen, warum also sollten sie nicht glücklich sein?

Solche Eltern sind mutig und ihr Kind ist stolz auf sie, nicht nur, weil ihm Strafe und ähnliche Torheiten erspart blieben. Es liebt die Widerständigkeit seiner tapferen Eltern, es spürt die Kraft, mit der sie an seiner Seite bleiben. Ihre Unbeirrbarkeit gegenüber einer vielleicht murrenden, vielleicht moralisierenden Gemeinschaft von Elternvertretern oder Nachbarn oder Lehrern oder anderen. Ich verrate Ihnen ein kleines Seelengeheimnis: Nichts auf der Welt macht mich als Vater so frei wie das Gefühl, dass mein Kind stolz auf mich ist.

Und manchmal passiert auch Unerwartetes. Freude hat nämlich etwas Ansteckendes, Freude über ein Kind berührt viele Menschen. Im Himmel herrscht über einen bekehrten Sünder bekanntlich mehr Freude als über hundert Rechtgläubige. Warum sollte es also in einer Familie, der Verwandtschaft oder in Schulen nicht auch so sein?

Jesus erzählt dieses Gleichnis den Zöllnern, den Ausgegrenzten, den wenig Geachteten. Er hatte keine Furcht, sich unter sie zu mischen, in ihrer Mitte fand er die schönsten, die versöhnlichsten Geschichten. Ein Zufall war das nicht! Sie haben es wohl sofort verstanden. Oft ist es so, dass wir von unseren schwierigsten Kindern, den verirrtesten, den fast schon verloren geglaubten, das Wichtigste lernen. Sie belehren uns, sie sind unsere Lehrmeister. Auch das ist eine Wahrheit, die Jesus zeigt, aber sie ist schwer zu begreifen

Warum soll ich denn leben?

Er ist 12, der Junge. Auf den ersten Blick wirkt er souverän, er lächelt, spricht aber so, als ginge ihn, was hier beredet wird, gar nichts an. Nichts berührt ihn. Seine Souveränität ist in Wahrheit Gleichgültigkeit – er ist aus seiner Welt wie herausgefallen, die erwachsenen Bemühungen interessieren ihn kaum. Sie erreichen ihn nicht.

Wir sitzen in meinem Praxisraum, ein Lehrer, die Mutter und ich, der um Hilfe gebeten worden war. Der Knabe geht nicht zur Schule – er nennt keine Gründe, er weigert sich, unaggressiv, beinahe freundlich, aber energisch. Für ihn ist das Thema erledigt. Ich gehe nicht dorthin, auch nicht mehr in den Fußballverein, wo er früher viel Spaß hatte und vielleicht durchaus Talent zeigte. Ich will nicht mehr, sagt er. Warum nicht? Die Antwort: Ich kann nicht.

Zu Hause liegt er vor dem Fernsehapparat, bis ihm langweilig wird. Er ist intelligent, sein Verstand und seine Sinne sind wach. Diese gleichförmigen Banalitäten, die über den Bildschirm rutschen, langweilen ihn sehr schnell. Dann geht er aus dem Wohnzimmer zurück in sein Zimmer. Und dann? Dann weiß er auch nicht weiter, starrt aus dem Fenster, als wolle er vor lauter Schauen und Starren die Zeit und sich selbst vergessen.

Es ist langweilig, sagt er immer wieder. Manchmal hilft er den Großeltern, die im selben Haus wohnen. Auch dabei wirkt er freundlich, aber desinteressiert. Wie eine dünne Glaswand hat er sein Desinteresse zwischen sich und die Welt geschoben. Dahinter ist er eingesperrt. Die Menschen, die Freunde von früher, die Schule, ihn erreicht nichts.

Wir reden also miteinander, nur wir beide, nachdem die anderen weggegangen sind. Wir verstehen uns gut, dann spielen wir mein Lieblingsspiel und manchmal lacht er laut auf. Das ist wie eine Befreiung, sagt seine Großmutter, die in einem anderen Zimmer auf ihn wartet. Dass ich ihn wenigstens mal lachen höre, aus ganzem Herzen. Sonst lacht er nie.

Aber er lacht nicht nur in den Gesprächen, die immer dichter heranrücken an das, was ihn wie hinter Glas eingesperrt hält. Jetzt zeigt er, dass er gar nicht unberührt ist, gar nicht gleichgültig sein *kann.* Das Leben rührt sich in ihm wie in allen Kindern. Es vibriert. Aber die Quellen seines Lebens sind vertrocknet.

Wie lange gehst du nicht mehr zur Schule?, frage ich. Seit zwei Jahren, sagt er. Zwischendurch war er in einem Internat, danach in der Psychiatrie – nichts änderte sich. Was war vor zwei Jahren los? Damals trennten sich die Eltern, modern, cool und ohne nutzlose Streitereien. Und du? Was war mit dir? Er zuckt die Schultern und sagt gleichzeitig: Ich bin bei meiner Mutter geblieben. Dann wieder dieses Achselzucken. Er bemüht sich um Gleichgültigkeit, man sieht es. Es gelingt ihm aber nicht.

Erzähl weiter, sage ich.

Da gibt's nichts weiter, sie hatte schon bald einen neuen Freund, einen cleveren, wohl etwas herrschsüchtigen Mann, der ihr Leben ausfüllte. Und ihn, den Sohn, an den Rand drängte. Weihnachten darauf war nicht so schön, sagt er. Jetzt ist aller Gleichmut verflogen, als hätte es ihn nie gegeben. Am Heiligen Abend waren wir zusammen, erzählt er, aber ich habe nur meine Geschenke angeguckt, dann bin ich auf mein Zimmer. Am nächsten Morgen, beim Frühstück, habe ich gesagt, ich geh zu den Großeltern. Ich will sie besuchen, sie sind Weihnachten so allein. Ja, das passt gut, sagte die Mutter. Wir wollten nämlich in die Berge fahren, weißt du, Skilaufen. Dann nickte er und ging zu den Großeltern. Sie fragte er, ob er bei ihnen bleiben könne.

Das erzählt er, und dann bemüht er sich, nicht zu weinen. Er ist eben nicht souverän, sondern ein Kind. Eines, das aus der Liebe herausgestoßen wurde. Gleich zweimal. Das hält kein Kind aus.

Schule oder nicht Schule, Fußball und die Freunde – das Leben macht ihm Angst, keine heftige Angst, das ist es nicht. Nur so eine unbestimmte unruhige Regung, ein inneres Murmeln: Ich gehöre ja doch nicht dazu.

Die Pädagogen und Eltern verstehen das nicht. Du bist doch ganz beliebt bei deinen Klassenkameraden. Ein Außenseiter ist er nicht. Er ist einfach aus dem Leben, dem gemeinsamen Dasein mit anderen Kindern und Lernen und allem anderen herausgerutscht. Denk doch an deine Zukunft, sagt der Lehrer. Er meint es gut. Was soll denn werden ohne Schulabschluss? Aber der Junge hat keine Zukunft. Er wird nicht geliebt, und Lieblosigkeit ist nur Gegenwart, pure leere Gegenwart. Wo Liebe ausbleibt, bleibt auch die Zukunft weg. Manchmal sagt er jetzt, dass er sterben wolle. Aber das stimmt gar nicht. Er will nur diesen Zustand zwischen Leben und Nicht-Leben beenden.

Der neue Mutter-Freund ist streng. So ist das nun mal in einer Leistungsgesellschaft, sagt er. Wer sich nicht um sich selbst kümmert, steht draußen. Er schlägt vor, dem Jungen alle Privilegien, wie er sagt, zu entziehen. Kein Fernsehen, keinen Computer, kein gemeinsames Abendessen, zu Hause nicht und bei den Großeltern auch nicht, wo er sich jetzt die meiste Zeit aufhält. Zu Hause geht es nicht mehr gut, Mutter und

Sohn begegnen sich auf dem Flur oder in der Küche wie Fremde. Der Freund der Mutter beharrt auf seiner Disziplin. Aber zum Leben kann man einen jungen Menschen nicht zwingen. Das übersieht er. Der Apostel Johannes sagt: Gott ist das Leben, Gott ist die Liebe. Wo die Liebe fehlt, hört das Leben auf, nicht dramatisch, nicht mit einem gewaltigen Knall, es sickert so ganz langsam aus einer kindlichen Seele heraus.

Leben ohne Liebe gibt es nicht, so einfach ist das.

Dieser Junge mit seiner verweigerten Zugehörigkeit zum Leben ist wie eine lebendige Bestätigung dieser großen alten Sätze. Der Apostel Paulus hat es gesagt, Mystiker wie Meister Eckhart auch. Der Junge in meiner Praxis lebt genau das. Nur in der Negation. Leben ist Liebe, bleibt sie aus, ist Leben eigentlich nicht möglich. Natürlich, ein 12-Jähriger hat einen ganz ursprünglichen Lebenswillen, der ist nicht so leicht zu verdrängen. Wenn er sagt, ich will sterben, sagt er eigentlich: Ich will zurück ins Leben. Aber dazu müsste er geliebt werden. Und wird es nicht.

Immerhin weint er beinahe. Der glatte, souveräne Gleichmut ist wie weggewischt. Das ist vielleicht ein Anfang, denke ich. Ich versuche, ihn mit Lebenswillen zu füttern. Ich will ihm klarmachen, dass man Liebenswertes an jeder Ecke findet: der Ball, gegen den er tritt, die Freunde, mit denen er spielt und manchmal Streit sucht und sich danach wieder verträgt, vielleicht ein Tier, ein Hund, eine Katze – das ist alles liebenswertes Leben. Er weiß das auch. Aber er *weiß* es eben nur. Er müsste es *fühlen.* Aber die Quelle ist versiegt. Wo die Liebe zum Leben und das Leben als Liebe seinen Anfang nimmt – dort ist die Quelle: als Neugeborenes im Arm der Mutter, im frohen Geplapper, wenn es von Papa die Fußgängerzone rauf- und runtergeschoben wird, bei den ersten Worten, den ersten Sätzen, dem ersten wütenden Trotz, der das »Ich will ich sein« ankündigt. Dies sind viele kleine Quellen, die dem natürlichen Daseinswillen eines Kindes zufließen. Bei dem Jungen sind sie ausgetrocknet, vielleicht hat es sie nie ausreichend gegeben.

Ach, Herr des Himmels, da hat man es hundertmal geschrieben und in der ernsthaften wissenschaftlichen Literatur gelesen – und nun hockt dieser Junge vor mir, unglücklich, das kann man ja sehen, und immer noch ein wenig, als sei er gar nicht ganz bei sich selbst. Jetzt wird also greifbar, was andere und auch ich so oft beschrieben haben. Wir haben auch schlaue Begriffe dafür, Bindungstrauma, frühkindlich, dysthyme Störung. Ich brauche aber keine Begriffe, es ist ja alles zu sehen, mit der Hand zu berühren – ich darf ihn berühren, ganz leicht jedenfalls. Mein Wissen nützt weniger als diese behutsame Berührung, gelegentlich.

Und trotzdem – ein Kind will leben. Ich verbünde mich jetzt mit einem Rest seines ursprünglichen Willens zum Dasein. Ich will, dass er sich über alles hinwegsetzt, was sich seinem Da-Sein in den Weg stellt und wenn es die eigene Mutter ist. Er wird aufmerksamer, sogar lebhafter. Manchmal lacht er, fast ein bisschen froh, wenn ich ihn mit groben Worten zum puren »Ich will leben« anstiften will. Du sagst dir, von denen lasse ich mir doch mein Leben nicht kaputt machen. Ich komme ohne die klar. Und zwar mit Macht! Das sage ich und meine es so, das lockt. Man sieht es.

Kann ein junger Mensch sich einfach aus seiner Sehnsucht herauswinden? Einfach den Ring der versagten Liebe zerreißen, weil irgendetwas in ihm sagt, als spräche ein Fremder in ihm: Ich will ja doch leben.

Die Schulverweigerung ist Rache, das ist so weit klar. Aber es ist eine traurige Rache, nach innen gerichtet. Sein tief verborgenes Motiv lautet anders: Wenn ich es nicht wert bin, geliebt zu werden, nicht einmal von meiner Mutter, dann bin ich auch nicht wert, Freunde zu haben und mit ihnen Fussball zu spielen, wie soll das denn gehen, den Liebesmakel sieht man mir doch an, wenn ich mich im Klassenzimmer an meinen Tisch setze und die anderen schauen mich an.

Der Liebesmangel ist für ihn wie ein Stigma. Das sagt er nicht, fühlt es aber.

Ich sage: Zerschlag das Stigma, ich würde gern sagen: Wenn du anfängst zu leben, dann kommt auch die Liebe zurück. Aus anderen Quellen. Ich erkläre das nicht weiter, aber er ist klug. Er versteht immer schon im Voraus oder fühlt im Voraus. Was ich meine, ist ja auch klar: Wenn du zum Leben zurückkehrst, dann wird dich vielleicht ein nettes Mädchen freundlich anschauen – immerhin ist der Junge 12, fast 13, und klug ist er auch – oder wenn du wieder Fußball spielst und den Elfer aus der Ecke fischst, das ist auch Leben, der Jubel der eigenen Mannschaft, sogar der ein oder andere Mathetest, auch wenn er ganz und gar verhauen wird – das ist alles Leben. Mit dem Leben kommt die Liebe zurück. Das haben Sie schon mal gesagt, sagt er. Hab ich nicht, sag ich. Doch, sagt er. Und dann grinsen wir beide.

Ja, er horcht auf und da ist auch etwas Abruptes in seiner Bewegung, als wir uns verabschieden. Vorher waren seine Körperbewegungen gleitend, widerstandslos, in seltsamer Weise müde und wie getrieben. Jetzt das Abrupte, als ob sich sein Körper spannt. Als ob sich sein Wille gegen seine Traurigkeit spannt und sie durchbrechen will. Die Glaswand, die ihn von der Welt trennte, war ja nur Traurigkeit, die Liebesquellen waren ausgetrocknet. Das war leicht zu begreifen. Aber ein anderer Wille zum Leben, anders gespeist, vielleicht aus frühesten Ursprüngen – der kann gar nicht ganz sterben. Wie kann ich den anstiften, aufhetzen? Noch weiß ich es nicht. Vielleicht werde ich es von ihm lernen.

Jesus ist auch nicht still und sanft gestorben, sondern im Zorn. Und dann ist er wieder auferstanden. Maria Magdalena hat ihn gesehen. Sie liebte ihn ja auch. Wenn jetzt einer diesen

Jungen so ansehen würde, mit diesem Blick der Liebe, den man nicht beschreiben kann – dann würde sein Wille gestärkt. Ich bin ganz sicher. Dann würde es sich aufrichten in ihm, dieses »Ich will leben«.

Liebe ist immer radikal

Und warum die Schmerzen?, frage ich.

Damit ich nichts mehr spüre, sagt das Mädchen.

Sie ist 13. Sie ritzt mit scharfen Scheren und Messern ihre Arme auf, manchmal die Oberschenkel, sie bluten dann.

Sie sagt: Das ist so eine Ohnmacht in mir, dann will ich gar nichts mehr spüren, auch meinen Körper nicht.

Aber Schmerz ist doch körperlich, antworte ich.

Ja, sagte sie, aber wenn er heftig genug ist, dann ist es nur noch Schmerz und den Körper spürt man nicht, nur das Weh-Tun. Das ist stärker.

Nun, ganz genau so war der Dialog nicht, den ich mit der 13-Jährigen führte, die ein so schönes Gesicht hat und vernarbte Arme und Oberschenkel, die so klug ist, weit über ihr Alter hinaus und so kindlich.

Als sie zum ersten Mal meine Praxis betrat, spürte ich nur ihr Suchen, eine unruhige und gleichzeitig eine ganz zielgerichtete Suche, eine intensive, unbeirrbare Suche. Aber eine, die viel zu lange vergeblich gewesen war. Vor solcher Intensität schrecken die meisten Menschen zurück. In gewisser Weise sogar ihre Eltern.

Sie wollten, durchaus verständlich, einfach nur ganz normale Eltern sein. Also, Vater und Mutter, die mal etwas verbieten und daraufhin mit pubertärer Wut gehasst werden, aber am nächsten Tag mit derselben Tochter einen Zoo besuchen, einen Zirkus vielleicht oder ins Kino gehen, und alles ist wieder friedlich und versöhnt. So wie es zwischen Eltern und pubertierenden Mädchen halt zugeht!

Aber ihr reichte das nicht. Sie wollte mehr, sie wollte etwas, das mich spontan berührte, nämlich die Radikalität des vollständigen Geliebt-Seins. Psychologisch gesprochen, verbarg sich dahinter eine Not. Wir haben viele Stunden, Wochen, Monate benötigt, um dieser Not ansatzweise auf die Spur zu kommen. Ganz genau wissen wir es immer noch nicht.

Aber lassen wir die psychologischen Erklärungen, das Wühlen in der frühkindlichen Vergangenheit, einmal beiseite. Nehmen wir einfach die seelische Gegenwart des Mädchens, ganz ohne Vorbehalt, ohne Ableitung, ohne Erklärung. Nehmen wir dieses junge Wesen ganz so, wie es jetzt »ist«, wie es sucht und fordert, wie es ohne die Radikalität seiner Liebessuche und Liebesforderung nicht glaubt, überleben zu können.

Diese Suche an sich, diese Radikalität an sich beeindruckte mich. Ich fühlte mich von der Liebeswut, die auch Lebensgier war, nicht nur berührt, sondern in gewisser Weise angezogen, durchdrungen, geradezu bezwungen. Ich musste darauf antworten. Mein Blick und meine Stimme sollten diesem »Gezwungen-Sein« nicht ausweichen, sondern es aufnehmen und dadurch ihrer Not antworten. Das musste so sein. Warum? Schon von der ersten Stunde an schenkte sie mir ihr Vertrauen. Das Wort »schenken« ist in diesem Zusammenhang nicht einfach eine Redewendung. Es *war* ein Geschenk. Unabhängig von jeder analytisch-psychologischen Erklärung, die die Ursachen in den Narben der frühen Kindheit vermutet, ganz unabhängig davon war doch gleichzeitig die tiefe Authentizität eines radikalen, unbeirrbaren Gefühls spürbar. Liebesgier und Lebensgier, das ist buchstäblich zu nehmen. Alles an diesem Kind machte deutlich, dass es, wenn es sich nicht endlich, endlich geliebt fühlte, sich nicht auf Erden willkommen und gerechtfertigt fühlte, dass es dann nicht mehr leben wollte. Wir tun gut daran, solche Signale ernst zu nehmen und nicht als pubertäre Hybris abzuwerten.

Ohne Liebe kein Leben, so simpel ist das. Manche Kinder oder Jugendliche – erinnern wir uns, sie ist noch keine 14 Jahre alt – führen uns diesen Zusammenhang vor Augen. Wieso Leben, wenn ich nicht auf Liebe hoffen kann? Jesu Worte: »Wer an mich glaubt, der wird leben« verweisen auf diesen Zusammenhang. Seine Liebesbotschaft ist eine Botschaft zum Leben, wer ohne Liebe ist, ist seelisch fast schon gestorben.

In solchen Jesu-Worten entbirgt sich die Liebesnotwendigkeit als Grund alles seelischen und auch körperlichen Da-Seins mit solcher Rückhaltlosigkeit, dass sie mir tatsächlich in diesen konkreten Situationen halfen, dieses Kind zu verstehen. An ihr, dieser 13-Jährigen, ihrem fein gegliederten Gesicht, ihrem Lächeln manchmal, wenn unsere Blicke sich begegneten, fand ich ein Stück seelischer Realität dieser Sätze. Wo die Liebe sie nicht umfängt, da fällt alles von ihr ab, sogar das Gefühl für den eigenen Körper, sogar das Schmerzempfinden, sogar der Lebenswille. Dann ist alles eins und gleich, und dieser Zustand ist unerträglich. Dann greift sie zu einem scharfen Messer oder zu einer Schere, zu etwas Spitzem und Hartem und beginnt damit, ihre Arme aufzuritzen, bis sie bluten, oder ihre Oberschenkel zu schneiden, bis der Schmerz stärker ist als alle Gefühle des unerfüllten Selbst. Das bewusste Ich-Selbst erlischt fast ganz dabei, warum sollte es auch nicht? Es wurde ja nicht genug geliebt.

Welche Radikalität! Sie zeigte sich auch, als ich sie bat, ihrem ganz besonderen Talent, nämlich dem Zeichnen, dem Malen, zu folgen und mir zur nächsten Stunde ein Bild mitzubringen; eines, das ohne Vorbehalt, ohne Rücksicht ihre intensivsten Gefühle widerspiegele. Sie nickte. Und sie tat es.

In der nächsten Stunde kam sie mit einem Bild, das sogar mich, der ich nicht leicht vor seelischen Abgründen erschrecke, für kurze Zeit sprachlos machte. Dieses Bild zeigte Jesus am Kreuz, qualvoll hingestrichelt – oder war es doch sie selbst, die dort an dem grässlichen Holzgerüst hing? Vielleicht beides, die Agonie-Metapher des Gekreuzigten und ihr Selbst, beide »überkreuzten« einander? So war es wohl. Und dieses Gesicht! Es war nicht detailliert ausgeführt, Nase und Mund nur knapp skizziert, aber die Augen! Die Augen zeigten den Tod, sie quollen über vor Schmerz und waren schon starr, pures blindes leeres Totsein. War sie das selbst? War das Jesus?

Ausgebreitet war diese leidende Gestalt jedenfalls an einem Kreuz, das konnte kein Zufall sein. Jesus am Kreuz hatte die Liebe gepredigt, in radikaler Weise, das hatte ihn zum Tode verurteilt. Und sie selbst? Hatte sie nicht auch die Liebe gesucht, gefordert, eingeklagt, und war ihre Klage nicht ohne Widerhall geblieben? Und hing sie nicht auch deshalb am Kreuz? Ich schaute das Bild an, dann hob ich den Kopf und schaute auf dieses 13-jährige junge Wesen.

»Das habe ich so weit verstanden«, sagte ich und lächelte. Und sie lächelte zurück. Dabei hatte ich gar nicht viel verstanden, vielleicht die Hälfte oder weniger von dem, was dieses Bild sagen wollte. Aber ihr war es schon genug.

So hängt das also zusammen – ein Schimmer von Verstehen kam in mir auf –, das Liebesgebot Jesu und der Kreuzestod, den sie nicht als lässigen Übergang zu Höherem, nicht als Verklärung, sondern als puren, reinen unerbittlichen Tod gezeichnet hatte.

Ich sollte diese Geschichte nicht so enden lassen.

Denn dieses Kind lernte, von Woche zu Woche, nein, von Monat zu Monat. Und es wird noch mehr lernen, von Jahr zu Jahr. Und was lernt es? Im Großen und Ganzen nichts von dem, was die Eltern, so bemüht sie auch waren, verlangten und erwarteten – wiederum: Wer wollte es ihnen verdenken? Diese 13-Jährige lernte nicht für die Schule oder nur so viel, wie eben notwendig war. Sie lernte nicht die Anpassung an das nördlich-kleinstädtische Milieu, wie ihr Vater erhofft hatte. Dies alles lernte sie nicht oder nur sehr begrenzt, jedenfalls widerwillig. Aber sie lernte etwas anderes. Sie lernte, dass es möglich ist, dass ein Mensch, ein Mann sogar, ich in diesem Fall – es hätte auch jemand anders sein können –, der meilenweit und altersweit von ihr entfernt ist, sie anschaute mit liebevollen Augen ohne Gier. Das nahm sie auf, das atmete sie ein. Sie ließ auch gar nicht davon ab.

Als ihre Eltern sich schon beklagten, dass sie ja ihre Hausaufgaben noch immer nicht erledige und ihren Pflichten nicht nachkomme, dass sie nach wie vor in auffällig schwarzen Kleidern und bleich geschminkt durch die Stadt laufe, da hatte sie schon gelernt, sich in einem ihr zugewendeten Blick zu spiegeln. Einfach ist das nicht! Eine 13-Jährige, inzwischen war sie 14 Jahre geworden, ein sensibles und hübsches Geschöpf, braucht es, liebevoll betrachtet zu werden, ohne eine Spur von dumpfer fahrlässiger Grobheit, gar Gier. Väter können so etwas, und ich bemühte mich, für sie väterlich zu sein. Sie nahm es auf, sog es ein. Ich freute mich daran.

Und so wuchs neben dem Schmerz, der Körperferne und der Ich-Ferne in ihr eine Liebesfähigkeit, die ich schon in der ersten Stunde gespürt hatte, damals nur als unruhige, verbissene Suche. Jetzt wurde ihr Suchen offener, weicher, sie hoffte auf Antwort, und weil die Hoffnung so weit trägt, fand sie Antwort. Jetzt verliebte sie sich. Wie eine 14-Jährige sich eben verliebt. Mal in den einen Jungen, einen, der gar nicht uninteressant war, und dann in einen anderen, der eher grob und oberflächlich war, aber sie noch ein Stück weiter von ihrer Schmerzverfangenheit losriss. Mit jeder Verliebtheit wurden ihre Bilder weicher, die Darstellungen des inneren und äußeren Schmerzes schienen nun den Schmerz zu überwinden und nicht in ihm zu verharren. Das ermutigte mich. Ich freute mich an diesen Bildern und ich sagte es ihr. Sie freute sich an meiner Zustimmung.

Irgendwann hörte sie auf, ihren Körper zu beschädigen, zu ritzen, zu schneiden, den Schmerz zu wollen. Der Schmerz war jetzt weniger als die Liebe. Eine wachsende allgemeine Liebe zur Welt, eine Versöhnung. Ihre Verliebtheiten waren, wie bei anderen Teenies auch, Vorstufen, Einübungen. Die Hoffnung und die ersten tastenden Erfahrungen mäßigten ihre Liebeswut. Einer, den sie *richtig* lieben würde – mit ihrer kompromisslosen Art von Liebe –, muss freilich erst noch gefunden werden. Ich bin aber ganz gewiss, sie ist auf dem Weg zu ihm.

Jetzt ist sie fast 15 Jahre alt, erwartungsfroh, was ihre Zukunft angeht, gespannt auf die Liebe, die sie nicht mit dringlicher Not *jetzt sofort* benötigt, damit der Schmerz sie nicht überwältigt und ein körperlicher werden muss. Sie kann auf sie warten. Das ist alles, was wir erreichen wollten. Es ist uns gelungen, es ist ihr gelungen. Ich bin ein klein bisschen stolz darauf, sie dabei begleitet und bekräftigt zu haben. Man möge es mir nachsehen.

Und was hat dies alles mit Jesus zu tun? Jesus am Kreuz war in den Phasen ihrer äußersten seelischen Not die erste Metapher, die ihr für die Zeichnung, die ich ihr aufgetragen hatte, einfiel. Denn die *Ursache* seines Leidens – ich wies sie darauf hin, aber unbewusst hatte sie es längst verstanden – war die Gottesferne, die Liebesarmut, das unerlöste Leben.

Seine Schmerzen, die sie so detailliert-qualvoll nachzeichnete, schienen nicht auch sie die Liebesferne zu betäuben? War das Kreuz ihr deshalb eingefallen? Aber nein, das kann ja nicht stimmen. Hätte sie nicht andere Schmerzbilder zeichnen können, makabre und radikale aus den Gothic-Webseiten beispielsweise, die sie nächtelang durchforschte?

Warum Jesus? Nun, das liegt auf der Hand. Weil nur sein Bild die Schmerzen mit einer Liebesbotschaft und einer Hoffnung verbündete – keine Gothic- oder sonst eine dieser todessehnsüchtige Web-Seiten, von denen es so viele gibt, vermag dies. Im Sterben des Menschensohnes lag eine klagende, aber unbeirrte Erwartung, eine Hoffnung. Die Intensität dieser Augen, der schmerzgekrümmte Leib – als sie dies alles so sorgfältig malte, da waren sie auch Eintrag und Ausdruck von Hoffnung in ihrer zerquälten Seele, die doch das Hoffen nie aufgegeben hatte. Kinder sind dazu gar nicht in der Lage. Sie auch nicht. Sie benötigte jedoch wohl beides: zum einen dieses erbarmungslose Bild, in das sie sich über Stunden hineinversenkt haben musste, und zum anderen meine Antwort darauf, die Antwort eines erwachsenen Menschen, dem sie vertraute. Ich sollte die entsetzlichen Züge des Gemarterten, denen sie sich so intensiv zugewandt hatte, aushalten, ihnen standhalten – korrektes pädagogisches Erschrecken hätte sie enttäuscht. Aber ebenso enttäuscht wäre sie gewesen – bewusst oder nicht –, wenn ich hinter dem horrenden Bild nicht ihre Suche, diese merkwürdige paradoxe Liebessuche gespürt hätte, die zu diesem Zeitpunkt noch ganz auf der Kippe stand und beinahe bitter und destruktiv geworden wäre.

Aber ich hielt dem Bild und dem, was es ausdrückte, stand und ihrem unruhigen Drängen ebenfalls – das war ganz leicht. Ich hielt mich einfach fest an meinem Paulus-Mantra: »Die Liebe höret nimmer auf.« Sätze solcher Art öffnen die Sinne und den Verstand ebenso. Sie sind mutig, und manchmal braucht man Mut im Umgang mit empfindsamen und verhärteten Kindern. Ich lächelte sie an, und sie lächelte auch.

Wir alle sind in der Tat Bedeutungsträger, weit über unsere Kompetenzen und Begabungen hinaus. Wir können gar nichts dagegen tun. Manchmal hilft es.

Der perfekte Mensch ist Jesus ein Ärgernis

Perfektion, Perfektion – so tönt es überall in unserer Gesellschaft und unsere Kinder und die Teenies sind auch davon gepackt. Sie wollen ebenfalls perfekt sein, ganz egal, in welchem Bereich, mit welcher Begabung, bei welchen Aufgaben und Inhalten.

Dieser Drang, ja Wahn, zur Perfektion als solcher, zur totalen Fertigkeit und Stimmigkeit an sich ist nichts anderes als die dunkle Seite des Sinnverlusts.

Was meine ich damit? Menschen, die in ihrem Leben Sinn suchen, *suchen* eben. Sie sind nie fertig, sie sind nie perfekt. Mit dem Glauben, dem christlichen oder jedem anderen ist es genauso. Auch ein buddhistischer Mönch ist niemals »fertig«. Selbst die alttestamentarischen Propheten steckten voller Fehler und rechneten sie sich selbst als Schuld an.

Nein, Perfektion, das ist etwas für Menschen, die eigentlich alle Hoffnung aufgegeben haben, jedenfalls die Hoffnung auf Sinn. Auf sinnhaftes Leben, strebendes und erstrebenswertes Leben, auf ein Leben, das reift und der Vollendung entgegengeht – auch wenn sie niemals erreicht wird. Perfektion ist exakt das Gegenteil davon: Perfektion strebt etwas Totales, etwas Abgeschlossenes an, eine narzisstische Endgültigkeit. Verschlossen, abgeschlossen. Verriegelt.

Schauen wir nur auf unsere Kinder. Schon mit sechs oder sieben Jahren laufen sie im Sommer mit nacktem Bauch in der Öffentlichkeit herum, sie verstreuen Aufmerksamkeitssignale ihres Körpers, obwohl sie noch gar kein ausgereiftes Körper-Selbst haben. Sie vergleichen einander, ihr Styling, auch die kleinen Jungen haben raffiniert gegeltes, oft mit blonden Strähnen verziertes Haar. Diese übertriebene Präsentation des Körpers verbirgt eine tiefe Unsicherheit. In einem anderen Buch habe ich es einmal so formuliert: »Sie haben sich noch gar nicht ausreichend im Umgang mit Puppen und Nachbar-Jungen und Großtanten kennengelernt, da wissen sie schon, dass es perfekte und weniger perfekte Körper gibt. Sie müssen sich also anstrengen. Sie haben sich noch gar nicht zu lieben gelernt, da wissen sie schon, dass sie nicht liebenswert genug sind.«

Die perfektionierte Außendarstellung, die Totalität des Repräsentativen, des »Sich-zur-Geltung-Bringens« haben diese Kinder eingeübt. Ihre frohe und freie Entwicklung, ihr geduldiges Reifen, die Einzigartigkeit jeder einzelnen Lebensphase ist ihnen dabei verloren gegangen. Unter dem Diktat der immer schon fertigen Perfektion gibt es kein Reifen, es gibt auch keine Einzigartigkeit. Es gibt allenfalls feinste Abstufungen in den Beurteilungen, wie sie als 9-Jährige perfekt sein müssten und dann wieder als 13-Jährige, als 18-Jährige und später als 30-Jährige. Und fortwährend Einschätzungen, wie weit sie immer noch vom Perfektionsideal entfernt sind – erreicht wird es ohnehin nie. Dieses Ideal wird vorgegeben von einer sozialen Kultur, die »immer nur ein noch mehr« kennt, und von den digitalisierten Bildern in Musik-Video, Kino und Illustrierten, auf denen alle Menschen vollkommener aussehen, als sie in Wirklichkeit jemals sein könnten.

Das Dilemma der Psyche, die sich hinter der perfektionierten, auf Selbstdarstellung trainierten Außenseite verbirgt, ist leicht zu verstehen: Sie muss sich fortwährend abgrenzen gegenüber den anderen, denn jeder ist insgeheim ein Rivale. Eigentlich erträgt dieses Ich nur Bewunderung, alles andere, schon die kleinste Kritik, kränkt, weil sie den Abstand zwischen Real-Ich und dem erträumten Perfekt-Sein vor Augen führt.

Das seelische Reifen im Ich und Du ist ganz unmöglich geworden. In jedem Blick eines anderen Menschen, sogar dem des besten Freundes, lauert eine Kränkung. Das Leben als Abenteuer findet erst gar nicht statt, Gespräche, Freundschaften, später das Verliebtsein bleibt unter dem Perfektionsverlangen blass und zweitrangig. Von Liebe ganz zu schweigen. Das narzisstische Ich kennt nur ein »Du bewunderst mich, kritiklos« oder »Ich kann dich nicht ertragen, du beschädigst und kränkst mich«. Wie soll da Liebe mit ihren Unverlässlichkeiten, mit ihren Zerrissenheiten, die sich im glücklichen Verlauf wieder schließen und Liebende enger aneinander binden – wie soll all das seelisch durchgestanden werden. Liebe ist für den Narziss eine Zumutung, die Perfektions-Kultur erzieht unsere Kinder zu narzisstischen Charakteren, zur Liebesarmut also.

Dabei wissen wir alle, dass es gar keine perfekten Menschen gibt. Es ist die Technologie der Medien, die diese Gesichter und Körper hervorzaubert, ein menschliches Gesicht wird dafür allenfalls als manipulierbare Vorlage benötigt. Der Narziss sehnt sich nach dieser Manipulation, die aus Geschäftsinteresse, zu Werbezwecken und Ähnlichem mit ihm und seinesgleichen angestellt wird. In den Computerspielen – dem ›Barbie-Studio‹ beispielsweise, mit denen die kleinen Mädchen so gern spielen – ist jede Verbindung zum real Menschlichen ganz abgerissen. Bildbearbeitung bis in die feinsten Details der Farbabstimmung, der Formung des Gesichts macht es, dass wir fortwährend von Bildern umgeben sind, in denen Menschen und Dinge vollkommen erscheinen.

So sind wir aber nicht und wir wissen es auch, Eltern wissen es, die Teenies wissen es, sogar die Kinder wissen es schon. Und doch ist die Verführungskraft solcher Bilder und Vorbilder enorm, die Realität tritt dahinter zurück.

»Das ist ja gar nicht wirklich, ist nicht die Realität«, sagen viele Eltern ihren Kindern und die Pädagogen den Schülern – aber die zucken nur mit den Schultern. Realität interessiert sie nicht, Realität wirkt im Vergleich zu den digitalen Bildern in Kino und Video und Computerspiel zunehmend unattraktiv, irritierend langweilig und zweitrangig. Also eifern sie mit ihren »inneren Selbstbildern« dem Irrealen nach.

Das ist der Atem unserer Leistungs- und Rivalitätskultur, den sie in sich hineinsaugen, genauso wie viele Eltern und viele Pädagogen: »Unsere Schule hat das tollste Ranking, unser Kindergarten liegt im Vergleich ganz vorn.« Ein Ergebnis, egal ob in der Schule, im Ballett, im Sport, das nicht »ganz toll«, nicht »außerordentlich« ausfällt, wird bestenfalls nicht zur Kenntnis genommen.

Das Abenteuer des Lebens geht dabei verloren. Denn eigentlich ist es ja so: Ein Erfolg, der über vier oder fünf Fehlschläge hinweg erarbeitet wurde, zu dem wir uns durchgeackert haben, beglückt uns ungleich mehr als ein Erfolg, der uns einfach zufällt. Aber ein narzisstischer Charakter, wie wir ihn unseren Kindern anzüchten, erträgt keine drei oder vier Fehlschläge. Der gibt vorher auf. Und die Perfektion, die insgeheim angestrebt wird, ist schließlich, ich sagte es, ein imaginäres Bild, eine Fiktion. Sie ist mit Anstrengung gar nicht zu erreichen – die jungen Menschen wissen das. Das macht diese grundliegende Resignation aus, die so viele von ihnen kennzeichnet. Unsere Kinder wissen, wie das »wirkliche« Leben, das perfektionierte, auszusehen hätte, und sie wissen, dass sie es nie erreichen werden. Sie schleppen sich durch die Anforderungen des Alltags, der Schule und vielem anderen, aber sie sind nur selten mit ganzem Herzen dabei. Das Perfektionsbild hängt wie ein Menetekel über ihnen und ihren Handlungen, es entwertet alles und jedes.

Anders gesagt: Das Streben nach Perfektion, nach perfekter Außendarstellung, nach der total glatten Außenfläche gibt es nur dann, wenn eine reale Sinnsuche längst aufgegeben worden ist oder nie versucht wurde. Ein Leben ohne Sinn ist aber unmenschlich, es hinterlässt ein tiefes Gefühl der Selbstentwertung: »Ich weiß ja gar nicht genau, wer ich bin.« »Ich weiß ja gar nicht, was ich in dieser Welt soll.« Alles und jeder wird im Angesicht der vollkommenen Perfektion, »gleich-gültig«. Wer perfekt sein möchte, der hat, so radikal ist diese Selbstverneinung, bereits die Lust auf sich selbst, die Suche nach sich selbst und erst recht die Suche nach eigenwilliger Gestaltung seiner Existenz verloren.

Jesus war da *so was von anders*! Eltern sollten es auch sein. Nicht *eine* Passage finden wir im Neuen Testament, in der der Menschensohn sich in Szene setzt, seinen Auftritt arrangiert – sich in perfekter Attraktivität zeigte. Er tat, wo er stand und ging, haargenau das Gegenteil. Als er an der Bahre des toten Lazarus stand, da wedelte er nicht in großzügig göttlicher Geste und verkündete die Vollkommenheit des Gottessohnes, nein, er weinte. Er spürte die tiefe Verfallenheit der menschlichen Existenz, die körperliche Not, die in jeder Sekunde unser Dasein erschüttern kann, er leugnete nichts davon. Perfektion kennt keinen Tod, oder anders gesagt, der Tod ist das Ende aller Perfektion. Wer sich mit der Endlichkeit seiner Existenz, wer sich damit, dass er in jeder Sekunde auf den Tod zueilt, auseinandersetzen will und dies als Teil seines sinnhaften Leben begreift, der darf sich mit Gedanken an Perfektem gar nicht aufhalten. Jesus tat es auch nicht. Er weinte über die Not, hier die Not des Sterbens, und Not ist das Gegenteil von Vollendung und Perfekt-Sein.

Angesichts der Händler im Tempel geriet er in Wut. Auch hier war Jesus nach den Kriterien einer modernen Kommunikationspsychologie alles andere als perfekt. Er war nicht moderat, er verhielt sich nicht taktisch und psychologisch klug, er war zornig. Und der Zorn, der aus uns herausbricht, ist wiederum das Gegenteil einer kalkulierten glatten Fassade. Das Gegenstück zum perfekten Auftritt.

Was lernen wir also als Eltern von Jesus? Dies: Hört bloß auf, eure Kinder perfekt zu wollen. Denn wie in unserer Kultur das Stylen und die glatte Oberfläche schon die Teenager, schon die Sieben- und Achtjährigen, ergriffen hat, so auch die Eltern. Mein Kind muss »ganz toll« sein, »mein Kind ist hochbegabt, das ist ja wohl das Wenigste«. Skurrile Blüten hat dieses Geschäft getrieben.

Zweijährige werden in Kindergärten geschickt, die diesen schönen, von Fröbel ersonnenen Namen gar nicht verdienen. Sie wollen ihn auch gar nicht mehr. Sie reden stattdessen von »Exzellenz-Pädagogik«, sie heißen »Kids auf der Überholspur« oder »Little Giants«. Was für ein Irrwitz.

Kinder von zwei Jahren wollen nicht auf der Überholspur sein, sie fangen schließlich gerade erst an, sich selbst kennenzulernen und mit sich vertraut zu sein. Und wie wird man mit sich selbst vertraut? Doch wohl durch das frohe Spiel mit anderen Kindern, Mama und Papa immer im Hintergrund, die freudig und nicht vergleichend auf ihr Kind schauen. Diese Kinder haben sich selbst noch gar nicht als soziale Wesen kennengelernt, da werden sie schon in Rivalität zu jedem und allem getrieben. Oft mit der schrecklichsten Drohung, die einem Kind zustoßen kann: »Schau mal, der kleine Daniel beherrscht die chinesische Schrift schon in vier Zeichen, du bist erst bei zweien« – und Mamas Stimme klingt enttäuscht. »Vielleicht liebt sie mich nicht mehr?« Schlimmeres kann einem Kind kaum widerfahren. Und grausamer könnten Eltern kaum sein, auch wenn sie tatsächlich »nicht wissen, was sie tun«.

Kinder wollen mit anderen Kindern spielen, Kinder wollen so sein wie alle. Keine kleinen Giganten. Wir erziehen sie zur Einsamkeit, das gehört auch zu dieser Totalität, die dem Perfekten innewohnt. Es macht einsam. Wer perfekt ist oder sich nur perfekt fühlt, verabschiedet sich von der Gemeinschaft der Menschen, der Gemeinsamkeit, in der ein Mensch sich im anderen spiegelt, mal im Spiel, mal in der Liebe, mal im Streit. Das Widerspiel des Menschlichen geht unter dem Perfektionsdenken verloren. Schon den ganz Kleinen, den Zwei- oder Zweieinhalbjährigen wird dieses Spiel von ehrgeizigen Eltern weggenommen. Und ahnungslose oder skrupellose Pädagogen machen ihr Geschäft damit.

Aber Menschen, Kinder zumal, sind keine Roboter und keine Maschinen. Diesen Unterschied haben führende Bildungsforscher schlicht vergessen, die Politiker, die ihnen erst die Türen und dann die Ohren öffneten, haben es auch vergessen. Und zum Schluss die Pädagogen ebenso. Es gibt kaum noch einen Kindergarten, in dem nicht gefördert wird auf Biegen und Brechen. Lernpsychologisch ist das übrigens der pure Unsinn, die Kinder werden dadurch nicht schlauer, sondern dümmer.

Das Entscheidende ist aber dies: Die Kinder werden auf eine *Intentionalität all ihrer Lebensregungen* hingezerrt, heißt, sie erleben sich nie *ganz* in ihren Spielen, beim frohen Spritzen mit Wasser am Brunnen, beim Treten nach dem Fußball, beim Raufen und Versöhnen – dahinter wartet immer ein pädagogischer Wille, eine Intention, auf die sie von ihrer Verspieltheit, ihrer Freundschaft und ihrem hingebungsvollen Betrachten eines Blattes, einer Blume oder eines toten Vogels weggezogen werden, hin auf ein abstraktes Ziel, auf Bildung, auf Zukunft. So wenig Gegenwart wie heute gab es für Kinder vermutlich noch nie!

Die Eltern machen mit, ebenso die Erzieherinnen in den Kindergärten, in den Grundschulen werden die Kleinen dann selektiert nach dem Motto »Du landest oben in der Bildungszukunft, du ganz unten«. Das fatale »Ich-muss-ganz-toll-Sein« wächst zusammen mit den realen Forderungen unserer Schul- und anderer Bildungssysteme. Wir erziehen narzisstische und autistische Menschen, egozentrisch und einsam. Die digitalen Traumbilder zerren sie von der Realität weg, und die Realität in Schule und schon im Kindergarten – in paradoxer Verschmelzung mit dem perfektionierten digitalen Medienvorbild – verlangt auch das Überdurchschnittliche, das »Mehr-als-Andere«, das Rivalisieren und Siegen, auf allen Ebenen. Sie tun es, aber sie wissen es nicht.

Wie soll ein Kind, das sich für sein kleinstes Versagen oder gar sein unperfektes Aussehen schämt und seine Mutter, die insgeheim gekränkt ist über den leisesten kindlichen Misserfolg – wie sollen denn diese beiden Erfahrungen machen in dem Sinn, dass ein Kind daraus ein eigenes, bewusstes und empfindsames Selbstbild formt, den Kern eines Selbst, das es *erst zu einer Sinnsuche begabt.* Aber nur diese Sinnsuche könnte dazu führen, dass es über den platten Individualismus, das pure Ego und »Ich-Will« und das ängstliche »Bin-ich-toll-Genug« hinausgreifen kann, dass es vordringt, von Erfahrung zu Erfahrung, von Wissen zur Selbsterkenntnis und vom Erkennen des Selbst zu neuem mutigen Weltwissen – dies sind die Stufen zur inneren Wahrheit. Unseren Kindern werden solche Fähigkeiten abdressiert, bevor sie den Windeln entwachsen sind. »Ich muss ganz toll sein, ich muss perfekt sein«, »Mein Kind muss ganz toll sein», «Ich muss eine perfekte Mutter, ein perfekter Vater sein« – von den Kleinsten bis zu den Erwachsenen – ein Menetekel des Sinnverlusts unserer Zivilisation.

Tag für Tag können wir es hören und sehen, auf jeder Party, bei jeder Begegnung im Café, beim Elternabend im Kindergarten oder in den Schulen. »Mein Kind kommt mit anderen Kindern nicht zurecht. Mein Kind ist unruhig. Wir lassen jetzt beim Psychologen testen, ob es hochbegabt ist.« Der elterliche Narzissmus ist unermüdlich, er wütet. »Mein Kind kommt jetzt zum Ballett, hoffentlich tanzt es in der ersten Reihe, sie planen ja eine Aufführung Ende des Jahres.« Und dann wird das Kind gedrillt – worauf hin? Zu sich selbst, zur Erfahrung seines Körpers, zur frohen Erkundung seiner Talente (und ihrer Grenzen)? Natürlich nicht, sondern ausschließlich auf die Präsentation, die Selbstdarstellung, während die kleine unfertige Psyche immer schwächer wird, immer abhängiger vom Urteil anderer und zuletzt vom Urteil seines Spiegelbildes, das es mit fremden Augen anschaut und prüft.

Solche Kinder, erwachsen geworden, wären sogar dann unglücklich, wenn sie diese Perfektion je erreichen würden. Sie wären selbst dann verloren, wenn sie wie eine Maschine funktionieren würden. Kurzum, diese dunkle Seite unserer Zivilisation hat eine eindeutige Bewegung, hin zum »Nicht-mehr-Mensch-Sein«.

Jesus war anders, Jesus war Mensch. Ein besonderer Mensch, aber menschlich. Er weinte, er klagte über den Tod eines Freundes, er geriet in Zorn darüber, dass der Mammon überhandnahm, sogar vor dem Haus Gottes. Er fiel in Verzweiflung in jener Nacht *in Getsemani*, der Nacht vor der Kreuzigung. Jesus war menschlich. Das ist es, was Eltern von ihm lernen können. Dieser Jesus-Mensch war so weit weg von allem, was der Perfektion des Technischen, der Brillanz, der Fugenlosigkeit der Oberfläche entspricht.

Nehmen wir ihn als Beispiel, dann schicken wir unsere Kinder nicht in Vorschul-Einrichtungen, die sie zu »Little Giants« oder »Kids auf der Überholspur« erzieht. Wir kommen gar nicht auf die Idee. Dann erschrecken wir nicht vor jeder Wut, die unser Kind austobt (und selbst erleidet), weil es sich in seinem kindlichen Verstand betrogen und getäuscht fühlt. Wir empfinden im Spiegel seiner Entwicklung unsere eigene Bindung und Liebe zu ihm, sie ist veränderlich, wie das Kind selbst, sie reift und wächst mit ihm.

Neid, und die Liebe stirbt

Lassen Sie uns im Zusammenhang mit dem Thema Perfektion einen weiteren Aspekt beleuchten. Ist Ihnen schon einmal aufgefallen, dass Jesus ein Mensch ist, dem aber manche menschlichen Eigenschaften ganz fremd zu sein scheinen? Der Neid beispielsweise. Was hat dies mit Perfektion zu tun? Wer unbedingt perfekt sein will und spürt, dass das Perfekte nicht möglich ist (weil es gar nicht menschlich ist), der ist unerhört kränkbar, jeder Vergleich beunruhigt ihn – er ist neidisch. Er schaut voller aufmerksamem Misstrauen auf seine Mitmenschen: Haben sie vielleicht erreicht, was ihm versagt blieb? Hier ein Erfolg, dort eine Attraktivität, hier eine Beziehung, die was hermacht, dort das neueste Handy, mit dem man angeben kann? Ist jene 17-Jährige nicht ungleich attraktiver? Was verrät mein Spiegelbild angesichts der unaufhörlichen Vergleiche? Nichts Verlässliches. Ich werde gar nicht vertraut mit mir. So kommt der Neid ins Spiel.

Unsere Mitmenschen sehen wir mit den Augen des Neides immer auf dem Hintergrund eines imaginären Ideals – dem der Perfektion oder des Erfolgs. Ist er diesem Ideal näher gekommen als wir selbst? Im letzten Begabtentest oder einer Mathearbeit, im Ballett oder bei der Einschätzung des letzten Börsenkurses oder sonst wo? Die ganze lebendige Wirklichkeit erstickt in solchen Vergleichen. In jedem Fall ist er, das menschliche Gegenüber, nur mehr ein Signum dessen, was uns insgeheim schmerzt und kränkt. Vielleicht wirkt er unattraktiv, dann erschreckt uns der Gedanke, dass wir ähnlich unattraktiv sein könnten – oder er ist sehr attraktiv, dann kränkt uns der Vergleich mit ihm erst recht. In jedem Fall bereichern und erweitern wir uns nicht in solchen Begegnungen, wir verengen und ängstigen uns, wir verkümmern.

Sein Lächeln macht uns misstrauisch, vermutlich deutet es seine Überlegenheit an. Sein Interesse an uns kann ja – unter dem Aspekt des Neides – gar nichts anderes bedeuten, als dass er sich überlegen weiß. Natürlich fühlt er sich nun auch in unserer Gegenwart besonders wohl. Er ist ja doch immer der Bessere, immer an erster Stelle. Schon wieder versäumen wir die Begegnung mit einem anderen Menschen, durch den wir vielleicht mit uns selbst ein wenig bekannter geworden wären. Der Neid ist ein wütendes Tier.

Die Existenz anderer Menschen ist für uns ständiger Anlass zur Unruhe geworden. Wenn der oder die nicht mehr da wäre – wie erleichternd das wäre! Wenn man dem Neid und seinen seelischen Spuren ganz bis ans Ende nachgeht, dann stoßen wir auf eine erschreckende Konsequenz: Eigentlich will der Neid den anderen auslöschen, will ihn aus der Gegenwart verbannen, will ihn in die Nicht-Existenz zaubern. Letztlich will der Neid zerstören.

Wohin also mit ihm, der sich, wenn wir genau hinschauen, als so viel rabiater, ja erbarmungsloser erweist, als er auf den ersten Blick erscheinen mag. Wohin mit ihm? Nun, die Antwort liegt auf der Hand: Die ganzen wilden turbulenten aggressiven Dynamiken wenden sich zum Teil nach innen, gegen uns selbst. Neid ist eine triebhafte Dynamik der Selbstentwertung, sie bohrt und sticht, rumort und wühlt, und wir können nichts dagegen tun. Zuletzt wird sie verdrängt, wir ertragen sie nicht, also spalten wir sie ab, sperren sie aus unseren bewussten Ich-Gefühlen. Und stürzen damit doch nur erneut in Unwahrhaftigkeit.

Wir müssen also über »Wahrhaftigkeit« nachdenken.

Jesus war ein wahrhaftiger Mensch, deshalb wurde er geliebt, verehrt – und verfolgt. Seinen Spuren zu folgen, belehrt uns über den Charakter von wahrhaftem Leben, denken wir darüber noch ein wenig weiter nach.

Wo die Gelassenheit verloren gegangen ist, wo das »Sich-selbst-sein-Lassen« kaum mehr möglich ist, da kehrt Kleinmütigkeit ein, der Geist der Buchhaltung, der Konkurrenz – und sei sie noch so unterschwellig. Nein, wir werden einander nicht gerecht dadurch, dass wir uns vergleichen. Wir werden nicht froh miteinander, wenn wir unser Ego fortwährend in Abwägung zu einem anderen Ego wahrnehmen.

Gerecht werden wir durch etwas ganz anderes – durch das gelassene Überspielen jener Engherzigkeit, die das eigene Handeln fortwährend mit Misstrauen begleitet: Tu ich etwa mehr als der andere? Sind meine Bemühungen, die Wohnung und die Küche in Ordnung zu halten und die Familie, Mann und Kind oder Frau und Kind, zu betreuen, vielleicht ganz falsch, schaden sie mir, beengen oder zerstören sie mein selbstbestimmtes Ich, mein eigenes Leben?

Zu solchen umherirrenden Fragen führt die buchhalterische Mentalität, in der der eine den anderen nicht kennt, sondern ihn nur über berechenbare Vergleiche bemisst. Dieser Geist, der direkt aus der Warenproduktion, der Abstraktion und Anonymität aufgestiegen ist, zerstört das Intimste, das Schönste, das Einzige, das die Not der menschlichen Existenz wenden könnte: die Liebe.

Haben wir das begriffen, haben wir es verinnerlicht, dann haben wir uns als Eltern auch befreit von einer Verführung, die in vielen Familien zu beobachten ist, dass nämlich Mann und

Frau, an das ewige Vergleichen und Rivalisieren gewöhnt, sogar um die Liebe des Kindes rivalisieren. Das Kind nimmt Schaden dabei, denn der kindliche Verstand und die kindlichen Sinne sind ganz auf Zusammenfügung, auf das großzügig gelassene Fließen des Männlichen und des Weiblichen, der Freude und der Versöhnung angewiesen. Wo das Mama-Ego und das Papa-Ego aber in Widerstreit geraten, sich vergleichen, rivalisieren oder einander mit misstrauischen Augen berechnen – da ist für ein Kind ein Riss in seiner Existenz aufgetan.

Das also können wir von Jesus lernen: wie falsch das alles ist, wie sehr es seinem Geist widerspricht. Hat er gerechnet oder berechnet? Hat er bei der Heilung der Kranken und Toten eine Rechnung ausgestellt, mit Abgleichung der Steuer? Stellen wir uns doch nur einmal vor, Jesus hätte eine seiner Taten in diese Anonymität des Warenverkehrs, des Geldes umgemünzt. Wie entwertet es dann wäre. Mehr als entwertet, unwahr geworden. Ausgelöscht.

An diesem Beispiel erkennen wir die Fallhöhe zwischen dem, was uns heute so ganz selbstverständlich als Begleiterscheinung von Bindung und Beziehung und sogar von Liebe erscheint: die Berechenbarkeit, das Absichern und Abrechnen. Am Beispiel Jesu erkennen wir, wie tief wir dabei stürzen. Das, was die Botschaft Jesu so unzerstörbar macht über die Jahrhunderte und Jahrtausende hinweg, haben wir mit einem Mal zunichtegemacht. Die Liebe ist verloren. Aber manche stemmen sich dagegen, sie wollen dic Menschlichkeit leben, die in den biblischen Erzählungen vom Gottes- und Menschensohn aufgezeichnet steht.

Komm herunter, Zachäus

»Zachäus, steige vom Baum herab, der Herr will heut Gast sein bei dir ...«, heißt es in einem Kirchenlied. Es handelt sich um eines dieser neueren Kirchenlieder, von denen ich nur wenige wirklich mag, die meisten scheinen mir banal. Zu viel Pop und Anbiederei. Das Göttliche ist mit der Pop-Kultur nicht kompatibel. Manchmal scheint die Kirche das zu vergessen. Aber es gibt auch schöne neue Kompositionen. Die nach meinem Gefühl schönste von allen will ich hier erwähnen, bevor ich zu Zachäus zurückkehre. Zumal der erste Vers ist klug und anrührend, ich habe ihn oft mit meiner kleinen Tochter gesungen: *»Augen wie deine, wie du das Gesicht, du schaust ihn an, du erkennst ihn noch nicht, auf einmal fällt dir ein, das kann ein Engel, das kann ein Engel gewesen sein.«* Eine wunderschön komponierte, eingängige und doch schwierige Melodie, ein kluger Text. Wenn Sie ihn mit Ihrem Kind gemeinsam singen, wird er real und plausibel: *»Hände wie deine ... dein Gesicht ... das muss ein Engel sein!«* Ja, was denn sonst?

Doch zurück zu Zachäus. Er verbrachte ganze Tage in den Bäumen und hing seinen Tagträumen nach, als Jesus an seine Tür klopfte. Jesus, der unstete Wanderer, suchte ein Bett für die Nacht. Er wollte ruhen, er hatte einige Wundertaten getan, wie sich das für einen Propheten seiner Zeit gehörte. Nun war er erschöpft, der Gottessohn. Sein Körper war ja ganz von dieser

Welt, seine Sinne und sein Mitleid auch. Erinnern wir uns, wie er an der Bahre des Lazarus weinte? Ganz diesseitig, von derselben Tragik umhüllt, die für uns alle das Menschenschicksal ausmacht. Müde war er, und Zachäus kletterte eilig herunter vom Baum, der »Herr« imponierte ihm. Vielleicht war er ja stolz, insgeheim ganz zufrieden, dass dieser von vielen Gerüchten begleitete Prophet bei ihm einkehrte. Und Jesus? Tat er noch ein Wunder? Äußerte er einige markante Sentenzen, die sich ins Gedächtnis der Menschheit einprägten? Nichts davon. Er setzte sich an den Tisch, zu dem Zachäus ihn eingeladen hatte, aß und trank, einige seiner Jünger waren auch bei ihm. Dort saß er also, der Menschensohn, plauderte ein wenig mit dem Gastgeber, dessen Leben von keinerlei Besonderheit gekennzeichnet war. Jesus wendete ihm seine Augen zu, seine Stimme, seine Gegenwart. Nicht mehr, nicht weniger. Und dies bewirkte unendlich viel.

Zachäus wollte, nachdem der Prophet sich verabschiedet und bereits wieder auf die Reise begeben hatte, von seinem alten Leben nichts mehr wissen. Alles war anders geworden. Er war, wie es in dem Lied heißt, »vom Baum herab«gestiegen, er hatte sich von seinen Tagträumen, die sich nie erfüllten, verabschiedet. Und seine Existenz, so durchschnittlich und mittelmäßig sie anderen und ihm selbst erschienen war, strahlte nun in einem neuen Licht. In welchem Licht? In dem der Besonderheit, die das Leben und die Liebe ist. Anders kann ich es kaum formulieren. Und schon sind wir bei den Lehren, die wir Eltern aus dem Verhalten Jesu und den Veränderungen ziehen, die dieses Verhalten für Zachäus bedeutet hatte.

Das eine ist dies: Wir sollten endlich lernen, dass das Leben unserer Kinder durchschnittlich und mittelmäßig ist *und gerade darin ihr Licht erstrahlt.* Unsere Liebe ist das Innerste dieses Lichts, erlischt sie, dann erlischt alles. Benötigen wir eine Art »äußerer Zufuhr«, Anerkennung und Bestätigung oder sonst eine Treibkraft, um dieses Liebeslicht zu entzünden? Oder ist es nicht einfach so, dass unser Kind – dieses ganz durchschnittliche, ganz unauffällige, gar nicht besondere und eben deshalb von unendlicher Besonderheit ausgezeichnete Kind – ganz aus sich heraus, nur weil es existiert, uns, den Eltern, und damit sich selbst auch, so unendlich bedeutsam ist?

Dies ist die Wandlung, die Zachäus durchgemacht hatte. Er fühlte sich ins Licht gehoben, obwohl sich an seiner Mittelmäßigkeit gar nichts geändert hatte. Es war nur die Gegenwart, der Blick und die Sprache des Gottessohnes gewesen, die ihn erhellt hatte. *»Ich existiere, ich bin das Leben, und es wird enden, ich bin die Liebe und sie endet nie«* – das ist die Botschaft. Wenn wir als Eltern dies in Bezug auf unsere Kinder verstehen, dann treiben wir sie nicht an zu Höchstleistungen im Ballett oder Sport, dann sitzen wir ihnen nicht im Nacken, damit sie die Gymnasialempfehlung auf Biegen und Brechen schaffen, dann freuen wir uns einfach nur am Licht ihrer Existenz. Und vergessen wir nicht: Der Stoff dieses Lichts sind wir selbst, Vater und Mutter. Wir haben es in ihr oder ihm, in diesem ganz normalen Kind entfacht. Freuen wir uns daran. An seinem Lachen, seiner Fixigkeit und dem unbeholfenen Stolpern manchmal, an seinem verwegenen Mut, mit dem es sich als Vierjähriges auf ein Fahrrad schwingt und Kurven zieht, dass uns der Atem stockt, an seiner schlechten Laune morgens vor der Schule und seiner Wut auf den allerbesten Freund mittags, auf den es sich aber am Abend schon wieder ungeduldig freut. Unser Kind spiegelt die Tiefe unserer eigenen Existenz, je genauer wir sie in uns selbst spüren, umso heller strahlt das Kind. So ist das mit der Liebe!

Zachäus war auch kein besonderer Mann, einmal davon abgesehen, dass er es liebte, seine Tage in Bäumen zu verbringen. Dort hing er seinen Tagträumen nach, in denen er sich größer und bedeutungsvoller fantasierte, als er in Wirklichkeit war. Aber er stieg ja herab, der Menschensohn pochte an seine Tür. Zachäus lud ihn ein, er saß mit Jesus am Tisch, er spürte seinen Blick, er hörte seine Stimme, er fühlte seine Gegenwart. Und sie erfüllte ihn. Die Tagträume in den Bäumen waren nicht seine Wirklichkeit, seine Wirklichkeit war jenes Licht, das jede Existenz durchhellt. Jesus hatte es wachgerufen, weder durch Wunder noch durch die Predigten, sondern einfach durch seine Gegenwart, durch die Art und Weise, wie er am Tisch saß, aß und müde war, sprach und am nächsten Morgen seine Reise fortsetzte.

Was lernen wir daraus? Wir Eltern? Nicht unser Reden, nicht unsere hohen Erwartungen, die wir in das Kind setzen, nicht unsere Bemühungen um seine exzellente Ausbildung oder sonst etwas entscheidet, sondern die Art, wie wir mit ihm am Tisch sitzen. Wir sind das Licht unserer Kinder. Oder ihre Finsternis. Wir haben die Verantwortung, wir haben die Wahl.

Wir sind die Winzer, wir die Frucht

»An ihren Früchten sollt ihr sie erkennen«, sagt Jesus. In mehreren Gleichnissen gibt er Beispiele für diese Regel. Nicht an ihrem Status erkennt ihr die Menschen, heißt das. Auch nicht an ihren Überzeugungen, nicht an ihren Glaubenssätzen, nicht an ihren vorgetragenen ethischen Intentionen. Nein, an ihren Früchten. Also an ihrem Handeln, an ihrem Da-Sein.

Die Früchte – das hat durchaus einen Doppelsinn. Die »Frucht« ist zum einen das Verhalten, das Handeln. Aber das Handeln bleibt nicht folgenlos, es bringt seinerseits Früchte hervor. An den Früchten erkennen bedeutet also in gleicher Weise: Ihr sollt die Menschen erkennen in dem, was sie bei anderen Menschen *bewirken.* Was sie hervorrufen, was sie hervorlocken, wie sie mit ihrem Dasein prägend in das Leben anderer eingreifen, mal zielgerichtet und absichtsvoll, und mal einfach nur durch ihre Art und Weise zu »sein«. Ist das so? Sind wir tatsächlich verantwortlich nicht nur für unser eigenes Tun, sondern auch für das Tun und Lassen derjenigen, die uns lieben, die uns brauchen? Ja, genauso ist es. Dies ist zumindest die Botschaft des Propheten aus Nazaret.

Der Weinberg, der von einem sorgfältigen Winzer gepflegt und umhegt wird, trägt gute Früchte. Der Mensch, den wir lieben, wird sich, wenn er sich geliebt weiß, an unserer Liebe aufrichten und sich stärken. Der Mensch, den wir lieben, wird, wenn wir ihm misstrauen oder mit Eifersucht bespitzeln, verhärten und schließlich seine Liebesfähigkeit mindern und seine Liebe zu uns verlieren.

Wir spüren diesen Verlust oft so, als sei er uns unerwartet und schuldlos zugestoßen, aber so ist es fast nie. Nein, »an ihren Früchten sollt ihr sie erkennen«, das ist, wie immer bei Jesus, radikal. Er greift weit aus. Wir sind in unserem wissentlichen und unwissentlichen Dasein auch für andere verantwortlich.

»Wenn hier einer Champion ist, dann ja wohl ich!«

Er strahlt mich an, dieser Junge. Er ist sieben Jahre alt, bald wird er acht. Ich spiele mit ihm eines meiner Lieblingsspiele.

Ich habe ihm lang und breit erklärt, dass ich in diesem Spiel der »unbesiegbare Champion« sei, Meister aller Klassen und unbezwingbar, da richtete sich sein Stolz auf. »Das wollen wir erst einmal sehen.« Ich freue mich, genau diese Antwort wollte ich von ihm hören. Dieses Sich-Aufrichten des kindlichen Stolzes, wie wertvoll es ist und wie schön! Gerade bei solchen Kindern, die als schwierig gelten, die oft von Lehrern abgelehnt, von den Eltern sorgenvoll betrachtet werden und meist keine Freunde haben.

Aber ihren Stolz haben sie. Woher rührt er? Die Antwort lautet wohl so: aus dem Leben selbst. Dem Lebenswillen. Ich habe an mehreren Stellen dieses Buches darauf hingewiesen, dass der Wille zum Leben und die Abhängigkeit von der Liebe, besonders der von Mama und Papa, gar nicht voneinander zu trennen sind. Er sitzt vor mir, hockt ein bisschen winzig vor dem mächtigen schwarzen Schreibtisch, den ich mitten in mein Beratungszimmer postiert habe – aber klein fühlt er sich nicht. Nicht in diesem Augenblick, in dem sich sein kindlicher Stolz aufbäumt gegen die Zumutung, dass ich, der Erwachsene, wieder einmal der absolute Sieger sein und ihn in die geringere, die kleine Position drängen werde. Ja, genau das habe ich gewollt: Er *soll* sich auflehnen gegen die Ohnmacht, die ihm von allen Seiten verordnet wird. Er *soll* sich sperren gegen die Definitionen, die ihn als schwieriges Kind abgestempelt haben, gegen die Fülle von Beschreibungen und Diagnosen, psychiatrischen und psychologischen, therapeutischen und pädagogischen und was weiß ich noch. Ich schaue ihn also an, während ich das Spiel auf dem Tisch ausbreite. Ich schaue in seine Augen, hell sind sie und blau, aufmerksam und froh. Da freue ich mich auch.

Ich achte auf sein Gesicht, das sich jetzt über das Spiel beugt, dessen simple Regeln ich ihm zu erklären beginne. Wie viel Anspannung da ist – und in dieser Anspannung wie viel Hoffnung. Kinder haben diese Hoffnung auf sich selbst immer, sie geben sie nie verloren, auch nach der vierten Diagnose und der zweiten fehlgeschlagenen Therapie nicht. Und ich vergesse die vielen Etikettierungen, die diesem Kind aufgedrückt worden sind, auch mit meinem Blick auf ihn. Die erwartungsvollen Augen, seine Nase und das schön geformte Miteinander von Stirn, Nase und Mund, alles so erwartungsfroh. Ich frage mich manchmal: Sehen die Lehrer, die Therapeuten und wer sonst noch dieses Kindergesicht gar nicht? Sehen sie nicht das Leben in diesem Gesicht, das sich rührt und hofft, aufgeregt und manchmal resigniert? Könnten wir nicht, wenigstens für einige Stunden vergessen, was uns unser intellektuelles Wissen über ein Kind verrät? Könnten wir nicht einfach nur beeindruckt sein von seinem hellen Schauen, aufmerksam für das, was in seiner aufgeregten, plappernden Sprache mitschwingt, *vergnügt sein* angesichts dieser kindlichen Existenz, ganz ohne Begriffe und Analysen – einfach nur Schauen und Spüren, dass dieser Junge »da« ist und wir sind es auch? Dann verblassen die Diagnosen, sie scheinen plötzlich banal, ja, ganz weit entfernt von dem, was mein freundlicher Blick mir jetzt mitteilt. Und er wird beantwortet, mein Blick, er hängt nicht im Leeren. Er schafft etwas, schöpft etwas, ruft etwas hervor – nämlich die Antwort dieses Kindes, das Aufflackern von Hoffnung in seinen hellblauen Augen, das breite Grinsen seines Mundes, es ist ein ganz anderes Kind als das, was vor wenigen Tagen in einer psychiatrischen Klinik getestet wurde. Meine Freude an seinem Anblick, diesen Augen, dieser Nase, diesem Mund, diesem Geformt-Sein eines kindlichen Gesichts, ruft eine ganz andere Weise der kleinen Existenz hervor, als je alle pädagogischen Bewertungen und Bezeichnungen hervorrufen könnten. Jetzt flackert wieder Leben in ihm auf, oder besser gesagt: Jetzt wird es endlich von einem Erwachsenen wahrgenommen, *aufgenommen.* Nur durch dessen Gegenwart. Durch sein Da-Sein. Ein kleines bisschen mache ich Jesus nach, damals am Tisch des Zachäus. Tollpatschig laufe ich diesem mächtigen Bild und Vorbild hinterher. Mir geht es gut dabei.

Solche Empfindungen versuche ich auch den Eltern weiterzugeben. Schaut doch nur jenseits von Benotung und Diagnose auf diese kleine Existenz, dieses manchmal verstörte, oft begehrende, suchende kleine Leben, dann findet ihr die pädagogisch-psychologisch richtige Antwort schon. Vielleicht kann ich euch dabei helfen!

Findet dieser Sieben- oder Achtjährige in den Augen und der Stimme, den Worten und den Blicken von Mutter und Vater eine Bekräftigung seines lebhaften Daseins, dann ändert sich alles. Findet er sie nicht, verschmächtigt sein Selbst unter den Zuschreibungen von außen.

Wie hätte Jesus ihn angeschaut? Ich glaube so, wie er wohl auf Zachäus geblickt hat, der in einem Baum Tagträumen nachhing und von den Nachbarn als »Spinner« bezeichnet wurde. Jesus und sein Blick waren anders. Sie lenkten ihn ohne großartige Gesten und markige Sätze in eine Lebenswirklichkeit, die sich nicht mehr sperrte gegen alles, was konkret und lebendig, was Blick und Stimme, Hoffnung und Lebenswille war. Das also lernen wir von Jesus. So wie er auf Zachäus, so blicken wir auf unsere Kinder. Dann verändert sich alles, die Augen, die beantwortet werden, sind andere Augen als solche, die nur auf Abwehr und Bewertung stoßen. Der Mund, der aufgeregt plappert, ändert seine Sprache dann, wenn wir ihr aufmerksam und liebevoll zugeneigt sind und zuhören. Es ist die Art des Hörens, die Art und Weise, seinen Blick aufzunehmen, die ihn aus beengender Zuschreibung und Zuordnung erlöst und in sein kindliches Leben zurückführen.

Dieses Leben ist immer konkret, es ist Jetzt und wieder Jetzt, es ist die Fülle des Sinnlichen, es ist der Klang und es ist die Formung eines Gesichts und eines kleinen Körpers – dies alles ist das Leben. Wer es in sich hineinfließen lässt, Vater und Mutter in besonderer Weise, wird sich von der Liebe zu diesem Kind niemals ganz trennen können. Das ist dann der Anfang, der Beginn einer neuen Existenz. So war es bei Zachäus, so kann es bei jedem Kind sein. Wir müssen es nur lernen!

Nimm meine Hand

Eine kleine Szene, mitten im Alltag, auf einer Fußgängerzone, in einem Eiscafé. Die Sonne scheint, es ist Hochsommer. Ich sitze im Halbschatten und genieße die Ruhe, den erhellten Tag und die warme Luft, sie macht auch die Seelen freier, so scheint es. Manchmal sieht man sogar Menschen, die einander anlächeln. Mitten in dieses kleine Idyll fällt ein Misston. Ein kleiner Junge, vielleicht drei Jahre alt, er weint. Dann lässt er sich auf den Boden fallen, wie Kinder das eben tun, wenn sie einen Trotzanfall haben. Der Länge nach fällt er hin. Da liegt er. Und seine Mutter? Sie ist hilflos, wie Mütter in solchen Situationen nun einmal sind.

Aber sie ist eine nette Mutter. Sie bleibt stehen, sie schimpft nicht, keine steile Falte zieht sich über ihre Stirn, kein zorniges Aufblitzen in ihren Augen. Sie steht ganz ruhig da, den Kinderwagen an der Hand und wartet. Sie wartet darauf, dass ihr kleiner Sohn sich besinnt und zu ihr eilt. Sie macht das gut!

Ich habe auch das Gefühl, dass sie sich bei ihrer relativen Gelassenheit nicht ungeheurer anstrengen muss, dass sie nicht irgendwelchen Ratgebern oder Erziehungskonzepten folgt, sondern ihrer Intuition, ihrem Gefühl. Das macht alles so glaubwürdig.

Aber eine »Lösung«, eine Auflösung des Kindertrotzes ist dies immer noch nicht, nicht für den Kleinen, der sich, zeitweise mit beiden Beinen strampelnd, nun ganz auf dem Boden ausstreckt und einfach stur liegen bleibt, leise weinend. Wie bringt man ihn denn nun wieder auf die Beine?

Die Mutter, klug wie viele Mütter, macht eine kleine Bewegung, als wolle sie fortgehen, geht auch ein paar Schritte weiter, schaut sich um und winkt dem Kleinen zu. Ihr Winken bedeutet: »Komm doch, komm zu mir.« Dann bleibt sie erneut stehen, denn ihr Sohn reagiert nicht.

Nun ist es so, dass diese durchaus liebevolle und freundliche Frau etwas Wichtiges übersehen hat. Es war nur eine kleine Geste, eine winzige Bewegung, kein Wunder, dass sie sie nicht bemerkte.

Aber ich sitze nur ein, höchstens zwei Meter von dem Kleinen entfernt, ich sehe es. Er hebt den Kopf, schaut zu Mama hin und lässt sich zurückfallen, strampelt kurz und wild und weint wieder. Er kann sich einfach nicht dazu entschließen, seinen kleinen trotzigen Willen aufzugeben. Doch während er seinen Kopf hebt, zeigt er eine kleine Geste, eine Bewegung mit seiner Hand. Er hebt sie ein wenig und lässt sie wie erschöpft wieder sinken. Dies ist das Zeichen, das kindliche Signal, das die Mutter nicht bemerkt hat. Das Zeichen lautete: »Hol mich doch, nimm mich an die Hand, dann kann ich mit dir kommen. Aus eigenem Willen und aus eigener Kraft schaffe ich das nicht.« Sie hat es nicht gesehen, es ist ja auch nicht so einfach, möglichst ruhig mit einem Kinderwagen an der Hand zu stehen und zu warten. Vielleicht baut sich nun doch eine kleine Verkrampfung in ihr auf, vielleicht sogar ein Ärger: Wie soll es denn jetzt weitergehen?

Wie auch immer, ich bemerke die Geste. Der Kleine liegt ja auch fast vor meinen Füßen. Ich schaue ihn an, er weint inzwischen nicht mehr. Er ist jetzt eigentlich ganz ruhig, nur dieses leise Heben des Kopfes und die begleitende Geste mit der Hand – sie fallen mir auf.

Und dann traue ich mich, obwohl ich mich eigentlich in solche kleinen Familientragödien nicht einmische, traue mich zu einer Art Ersatz-Handlung. Ersatz für Mama, für einen Augenblick nur. Ich schaue den Kleinen an, ich strecke meine Hand nach ihm aus. Ja, ich hatte es erwartet und so war es auch: Er greift danach.

Greift er nach mir? Nein, selbstverständlich nicht. Er greift sozusagen ersatzweise nach meiner Hand, eigentlich greift er nach Mama. Deshalb sage ich: »Soll ich dich zu Mama bringen?« Da nickt er. Ich lächele ihn an. Aber für ihn bin ich wahrscheinlich im Wesentlichen nur diese Hand, nach der er greifen kann. Er richtet sich auf, ohne ein Wort, und gemeinsam trotten wir die fünf oder sechs Schritte hin zur Mutter, die, den Kinderwagen immer noch fest im Griff, auf ihn wartet.

Sie schaut mich an, zieht erstaunt die Augenbrauen hoch und lächelt auch: »Na, so was!«, sagt sie. »Das war ganz leicht«, sage ich. Der Kleine hat sich inzwischen aus meiner Hand gelöst und nach ihrer gegriffen, um die es ihm die ganze Zeit schon gegangen war: Mamas Hand. In ihrem festen Griff geht er zufrieden neben ihr her, dreht sich nicht einmal nach mir um. Das muss er auch nicht, die Mutter winkt. Ich freue mich.

Manchmal geschehen kleine Ereignisse, die einfach schön sind. Dies war so eines. Was war passiert? Passiert war, was wir als etwas ursprünglich Menschliches beschreiben können. Wir finden es als immer wiederkehrendes Motiv in alten Kirchenliedern, auch in Gospels, den religiösen Liedern der Schwarzen: »Take my hand precious Lord«, das war der Lieblingsgospel von Martin Luther King. Weiter heißt es dort »... and lead me home«. Diese kleine Geste, die kaum merkliche Bewegung mit der Hand, mit ihr hatte dieser Dreijährige seine Mutter auf die so sehnsuchtsvoll gestimmte Suche eines kleinen (oder auch größeren) Menschen aufmerksam gemacht: »Nimm meine Hand, führe mich heim.«

Am schönsten, wenn es die Hand dessen ist, der – oder die! – die Quelle des kleinen Lebens ist. In seinem Fall war es Mama, in anderen ist es der Vater, in wiederum anderen ist es das Prinzip der Liebe.

Kinder wollen Rituale, aber was ist ein Ritual?

Kinder brauchen Rituale – das hat sich herumgesprochen, man liest es in einer Fernsehzeitschrift oder einem Erziehungsratgeber und im Fernsehen wird es auch gesagt. In unserer entsäkularisierten Welt meinen wir mit Ritualen allerdings meist etwas ganz Profanes. Das regelmäßige Abendessen mit Vater und Mutter und den Geschwistern etwa, den Besuch bei Oma und Opa, das Weihnachtsfest und den Konfirmandenunterricht – alles Mögliche nennen wir »Rituale«. Aber Rituale sind etwas ganz anderes als »Gewohnheiten«. Rituale sind mehr, sie sind das Besondere, das ganz andere, das sich in die Profanität des Alltags einnistet. Kinder haben ein feines Empfinden dafür. Ein Ritual hat gewiss auch alltägliche Züge, es setzt eine Reihe von simplen, manchmal mühsamen Vorbereitungen voraus. Doch darüber hinaus ist es im Kern eine konkrete, sinnlich-sinnhafte »Übersteigung« des Alltäglichen.

Konkret und trotzdem den Alltag »übersteigend«? Was ist damit gemeint?

Rituale haben den verheißungsvollen Schimmer einer Besonderheit, den Kinder so lieben. Das gilt für jüdische Kinder und ihr Passah-Fest, es gilt für das christliche Weihnachten. Ein Schimmer, eine Bedeutungserwartung muss von einem Ritual ausgehen, eben dies unterscheidet es vom regelmäßigen

Abendessen (das wirklich sehr wichtig sein kann) oder den Besuchen bei Oma und Opa am Sonntag (gegen die auch nichts einzuwenden ist).

Bedeutung oder Bedeutungskern, jenseits des Alltäglichen, was heißt das also? Nehmen wir das wohl bedeutungskräftigste Ritual der christlichen Kultur, das Weihnachtsfest: Wer mit seinem Kind Jahr für Jahr zur Weihnachtsmesse schlurft, weil es so üblich und Familientradition seit drei oder vier Generationen ist, der kann es ebenso gut sein lassen. Gewiss, es ist ein schöner elterlicher Zug, sein Kind Wochen vor Weihnachten zur Einübung eines Krippenspiels zu begleiten und stolz zu verfolgen, wie es von der Rolle des vierten Engels zur Maria aufsteigt – aber sogar dabei fehlt etwas. Eben jener Schimmer, jener Kern der Besonderheit, der dies alles, den Gang zur Weihnachtskirche und das Krippenspiel, durchdringen muss. Ein ritueller Charakter von Messe und Christspiel tritt erst dann ein, wenn in ihnen jenes besondere Ereignis der Menschheitsgeschichte ins Bewusstsein und in die Gefühle gehoben wird, das zwischen Legende und historischer Wahrheit eine unerhörte Botschaft und eine Hoffnung tradiert.

Eltern könnten dieses »Besondere« auf ihre Weise ihren Kindern zukommen lassen, wie ein zusätzliches Geschenk. Indem sie den Bedeutungscharakter des Festes erklären? *Erklären* können sie gar nichts! Aber *erzählen* können sie. Im Klang ihrer Stimme (vor allem der mütterlichen Stimme, die dem Kind schon vertraut war, bevor es ganz auf die Welt kam), in den Kindheitserinnerungen, die Mutter oder Vater unvermeidlich einholen, wenn sie von der Krippe und den verschlossenen Türen der Herbergen, die die Ärmsten aussperrten, erzählen und schließlich vom Stall und den Tieren, den Engeln und den Hirten – jetzt, *im Erzählen,* erfährt die große Legende noch eine andere, eine ganz eigene, nur dieser Familie zugehörige Färbung und Klang. Sie wird in den Stimmen der Eltern oder

Großeltern gegenwärtig. Jetzt werden diese alten mystischen Motive im Wohnzimmer ganz aktuell, jetzt wird dieses enorme Menschheitsereignis ganz in die Jetzt-Zeit gehoben.

Achten Sie einmal darauf. Wenn Sie Ihren Kindern die Weihnachtsgeschichte erzählen, dann hat ihre Stimme einen ganz anderen Tonfall, als wenn Sie den Klatsch aus der Nachbarschaft weitergeben oder sich über die Hausaufgaben Ihres Sohnes sorgen. Die uralten vertrauten Bilder, die Sie vielleicht, wenn Sie Glück hatten, von ihrem eigenen Vater hörten, die kleinen Erschütterungen, die uns alle berühren, wenn wir an die Weihnachtsfeste unserer Kindheit denken (»damals schneite es Weihnachten immer, erinnerst du dich?«) – die Kinder atmen es ein.

Ja, erzählen Sie Ihren Kindern von Weihnachten – natürlich erst, nachdem die Geschenke ausgepackt sind, wir wollen nichts übertreiben!, aber danach bitten Sie um Ruhe. Und Sie und die Kinder und vielleicht eine Oma und ein Opa lauschen der alten Legende.

Ich tue dasselbe fast jedes Jahr in meiner therapeutischen Praxis. Ich habe dabei festgestellt, dass viele Kinder von Weihnachten keine Ahnung haben. Sie wissen nur, dass es zu Weihnachten Geschenke gibt. Wie schade das ist! Bei so viel Bedeutungsarmut werden sogar die Geschenke öde und schal. Man sieht ja Kinder oft drei, vier Wochen vor Weihnachten aus den großen Warenhäusern kommen, bepackt mit irgendwelchen Robo-Cops oder sonst was, das Fest, spielt gar keine Rolle mehr. Die Kinder werden gleichgültig dabei. Den Geschenken fehlt das Besondere, der Glanz. Dabei kann man ihn so leicht aufrufen.

Wenn ich ihnen von Weihnachten erzähle, wird mir bewusst, welch enorme Bilder diese Geschichte um Christi Geburt birgt. Ich selbst begreife sie nur unvollständig. Ich muss auch nicht alles begreifen, als Erwachsener, als Vater, als Therapeut. Aber *er-griffen* muss ich sein. Die Kinder spüren die Befangenheit in meiner Stimme, sie spüren den Ernst. Sie wittern die Bedeutung, die sie so wenig erfassen wie der Erwachsene. Sie lassen sich gern von den großen Motiven und der strengen Ernsthaftigkeit des Erzählenden überwältigen. Das ist auch so etwas Kindliches, das wir meist verloren haben, nämlich zu *empfangen,* uns überwältigen zu lassen. Dabei verstehen wir dann auch, dass unser Dasein mehr ist, als wir begreifen können, gerade deshalb lassen wir uns von den tröstenden Botschaften der Engel auf dem Feld berühren.

Ich erzähle den Kleinen von Maria, die das Kind auf dem Schoß hält, dem Mann Joseph, vielleicht alt geworden, der hinter ihnen steht wie ein Behütender, dem Ochsen und den anderen Tieren, die mit ihrem Atem das Neugeborene wärmen. Auch von den Hirten auf dem Feld, den Ärmsten der Armen, denen ein Licht erscheint, und aus der Mitte des Lichts spricht ein Engel. »Fürchtet Euch nicht!« Man muss die kleinen computersüchtigen Jungen und die herausgeputzten gefallsüchtigen Mädchen nur anschauen, wie sie Augen und Ohren aufsperren. Sie sitzen ganz still, unsere hyperaktiven Kinder. Sie atmen die Bedeutungskraft dieser Geschichte ein, weil sie von so großen kindlichen Motiven, von Sehnsucht und Hoffnung, Magie und von Vater-Mutter-Kind handelt. Und auch deshalb, weil sie *mir* bedeutungsvoll erscheint.

Die Legende, die kraftvollen Bilder, die überwältigenden Bilder, die ein Geheimnis bergen (Warum ein Stall? Wieso erscheint der Engel ausgerechnet den Ärmsten?), vorgetragen von einem Erwachsenen, der sich – gläubig oder nicht! – von der Kraft der Bilder, von der Macht der Legende berühren lässt – am Ende kann man gar nicht unterscheiden, was die Kinder mehr erreicht hat, die Legende selbst oder die Erschütterung in der Stimme des Erzählenden, des Erwachsenen. Aber das ist auch nicht wichtig, solche Unterschiede spielen gar keine Rolle. Für die Momente des Erzählens ist der Erwachsene tatsächlich Verkünder einer Botschaft, die er gar nicht ganz versteht.

Das ist nicht nur bei der Weihnachtslegende der Fall. Im Zentrum, im Kern eines Rituals ist ein Geheimnis verborgen, wir fühlen es und die Kinder fühlen es auch. Aber verstehen können wir es nicht. Besserwissendes Verstehen, eifriges Interpretieren ebenso wie aufdringliche Gläubigkeit, überhaupt ein belehrender Tonfall, zerstören den unbestimmten Kern des Rituals. Dann ist alles wieder so wie immer, kein festlicher Ritus, nur Alltag mit ein paar christlichen Verzierungen. Also, unbedingt Gefühlsseligkeit vermeiden! Kinder spüren das Gefühl sofort, es ist ihnen peinlich. Aber für diese rätselhaft bewegende Geschichte, die uralt ist, haben sie ein sicheres Gefühl. Eine Witterung. Manchmal kommt es mir vor, als seien sie unaufhörlich auf der Suche nach Erwachsenen, die ihnen diese Form der rituellen Erkundung und Deutung von Wirklichkeit nahebringen.

Ich werde ganz heiter, wenn ich in die kleinen Gesichter schaue, während ich die schönen Motive, eines nach dem anderen, aufreihe. Ich erzähle übrigens auch gern von Pfingsten, dazu fallen mir viele hübsche Formulierungen ein. Der Geist, der urplötzlich weht und alles anders macht, er weht bekanntlich, *wo* er will, auch in den Köpfen der Armen, der geistlich Armen, der Gleichgültigen, der Geist weht, *wohin* er will, er kennt keine moralischen Vorbehalte, er kennt keine Urteile, schon gar keine Vorurteile. Er weht!

Ich habe Spaß beim Erzählen und verknüpfe eine Hoffnung damit. Fragen Sie mich nicht, wie diese Hoffnung, ganz konkret, aussieht. Das kann ich nicht sagen. Aber ich spüre sie. Da ist etwas Hoffnungsvolles in diesem Wehen, das die Menschen einander ähnlich macht, sogar ihre Sprachen. Dann hören sie schon wieder zu, die Kinder, wie bei der Weihnachtslegende. Mit offenen Gesichtern. Ich schaue sie an, ihre Ohren und Augen, Münder und irgendwie sind sogar die Nasen weit offen auf etwas hin, das sie gar nicht beschreiben und nicht erfassen, so wenig wie ich. Diese Offenheit ist wunderbar. Wir sollten sie zum Prinzip der Pädagogik erheben.

Wir sind Bedeutungsträger, ob wir das wollen oder nicht. Für einen Vater, eine Mutter gilt das natürlich noch viel mehr. Wenn sie von Weihnachten erzählen, dann verlieren sie manchmal den Faden. Erst reden sie noch von Jesus und Maria, aber dann gerät die eigene Erinnerung mit in die Geschichte. Weihnachten war damals irgendwie anders, aber trotzdem genau so wie heute, danach singen alle ein Lied, vielleicht sind auch die Eltern vom Vater oder der Mutter dabei, die Kinder singen jetzt auch mit (manche ganz leise und gehemmt, andere viel zu laut und ziemlich falsch!). All dies, die Erlösungsbotschaft, die wir kaum verstehen, die Erinnerungen, die urplötzlich da sind, ein anderer Blick auf unsere alten Eltern und die Kinder, machen uns zu Trägern von Bedeutungen, die ganz vielfältiger Art sind. Eines ist nicht vom anderen zu trennen – unsere Stimme, unser sanft-sentimentales Erinnern, die Lieder, die wir alle auswendig kennen, das Singen gemeinsam, das Erzählen der Weihnachtsgeschichte, das unbedingt dazugehört – kein Kind bleibt unberührt davon. Ganz unmöglich. Wir sind Bedeutungsträger, ob wir es wollen oder nicht – *wir sind es.*

Mit »Gläubigkeit« hat das wenig zu tun. Nein, ich spreche von Sentimentalitäten, ein paar Tränen, wenn Papa an jenes Weihnachten denkt, an dem er endlich seine Lokomotive bekam, auf die er so lange gewartet hatte, mit zehn Jahren kam sie endlich und eigentlich schon zu spät, Lokomotiven interessierten ihn nicht mehr wirklich, aber er hat sich trotzdem endlos gefreut: Jetzt singt er sogar die kitschigen und die schönen Lieder mit, alle durcheinander. Mal »Süßer die Glocken nie klingen«, bei dem ein ästhetisch empfindsamer Mensch leicht unruhig wird, anschließend »Maria durch ein' Dornwald ging«, jene bedeutungsvoll-schönen Verse und Töne. Wie das alles ineinander wirkt, irgendwie doch zueinander gehört, weil im Zentrum dieses Abends, unausgesprochen oder nicht, die Geburt, die Engel und die Ärmsten, die Hirten und ihr Jubel über die Erlösung stehen. Dagegen kann man gar nichts machen. Das ist eben so.

Wir sind natürlich nur wir selbst und doch, in bestimmter Weise, mehr als wir selbst. Und wenn Sie, der Vater, die Mutter, meinetwegen ein Großvater, davon erzählen, »wie es früher war«, dann wieder von Maria und den drei Königen (oder waren es vier, ist ja auch egal!), dann *sind* Sie Bedeutungsträger – was denn sonst? Schauen Sie doch, wie die Kinder aufhorchen (ganz anders, als an anderen Tagen, an denen sie so unverfroren auf Ihre Worte reagieren, als hätten sie nicht eine einzige Silbe gehört). Alles hat diesen Glanz von etwas ganz Eigenem, Unaustauschbarem, kein Simulationsspiel auf den Konsolen kommt dem gleich. Wir dürfen ihn nur nicht zerstören.

Das also ist in unserer Kultur ein Ritual, ein Beispiel dafür. Ich behaupte, dass nicht nur Eltern, sondern jeder gute Lehrer oder Erzieher oder Therapeut dafür empfänglich sein muss, er muss es fühlen, dass ein gewaltiges Geheimnis, ein Weltgeheimnis, die menschliche Existenz umhüllt. Ohne solche Empfänglichkeit werden wir die Nöte und den Trotz, das Lachen und das Klagen eines Kindes nie erfassen. »Wenn Ihr's nicht fühlt, Ihr werdet's nicht erjagen«, schrieb Goethe, und es stimmt.

Kann man das genauer sagen? Es gibt große, mächtige Worte, beispielsweise manche Psalmen oder die Briefe, die Paulus an die Römer und die Korinther schrieb. Meine eigene Sprache reicht nicht so weit. Aber Sätze, wie dieser aus dem Korintherbrief, enthalten klar und uneingeschüchtert die ganze Wahrheit. Der wichtigste all dieser Sätze lautet so: »Die Liebe höret nimmer auf.« Halten Sie ihn sich vor Augen, wenn Sie über einen Schulhof einer Hauptschule oder einer der weniger gut aufgestellten Grundschulen gehen, wenn Sie die Dissozialität erblicken, die an allen Ecken und Enden aufbricht, das hämische Gelächter von »Gleichaltrigen-Gruppen«, wenn ein Lehrer versucht, einem 14-Jährigen die Zigarette zu verbieten. Halten Sie sich diesen Satz vor Augen, wenn Ihr Kind wieder einmal mit obszönen Worten die Tür zuknallt, weil Sie ihm die eine oder andere Anweisung gegeben haben, den Müll runterbringen oder das Katzenstreu erneuern. Nutzen Sie die Paulus-Worte wie ein kleines, widerständiges Mantra, wenn ein hyperaktiver Junge Sie völlig verständnislos anstarrt, weil Sie ihn ermahnt haben, er möge nicht zum dritten Mal gegen Ihr Schienbein treten: *»Die Liebe höret nimmer auf.«*

Also, horchen Sie in sich hinein. Klingt der Satz aus dem Paulus-Brief, angesichts solcher überaus realistischer Beispiele etwa unsinnig, abwegig, wie der pure Blödsinn? Nein, seltsamerweise tut er das nicht. Er klingt wie eine Aufforderung, allerdings eine seltsame, eine aufragende. Die folgenden Sätze ebenso: »Wenn ich mit tausend Engelszungen redete, und hätte die Liebe nicht, wäre ich ein tönend Erz und eine klingende Schelle.« Wie soll das denn gehen, was soll ich denn mit meinem Paulus-Mantra konkret anfangen, wenn ein 14-jähriger Schnösel mir die brennende Zigarette vor die Füße schmeißt? Was soll solch ein 2000 Jahre alter Satz denn bedeuten, wenn mein 12-jähriger Sohn mir die Tür vor der Nase zuknallt? Horchen wir nur hin auf die Worte aus den alten Briefen und danach auf uns selbst. Sie lassen uns nicht unberührt. Von ihnen geht eine befremdliche Aufforderung aus, fast eine Verpflichtung. Auf schwer beschreibbare Weise haben wir das Gefühl, dass wir ihrer Bedeutung nachkommen müssten, auch wenn es uns nicht gelingt.

Zurück zum Ritual: Mein Paulus-Mantra ist ebenso wie das Erzählen der Weihnachtsgeschichte (oder von Pfingsten oder von David, dem Kleinen, der mit der Schleuder einen monströsen Feind erledigt, oder vom Roten Meer, das sich vor dem flüchtenden Volk Israel teilte) der Kern des Rituals. Wenn er *jetzt* gegenwärtig wird, dann scheint in ihm ein Stück Heimat auf, nicht nur für Kinder.[4]

»Beheimatet« werden sie ausgerechnet dadurch, dass solche Stunden ein Geheimnis bergen, Anteile des »Nicht-ganz-Verstandenen«, des in der Alltagsvernunft nicht restlos Aufgehenden. Dies alles ist der Liebe der Kinder zu ihren Eltern und der Liebe der Eltern zu den Kindern vergleichbar. Auch sie kann man nicht erklären. Zwar ist diese Liebe fortwährend überlagert von diesem oder jenem, von Wut über Verbote auf der Kind-Seite, von Missmut über Ungehorsam auf der Eltern-Seite, von Überdruss oder Langeweile. Und trotzdem ist sie immer da. *Sie hört nicht auf!*

Kinder wissen das, Eltern übrigens auch. Da kann man hundert Mal von moralischen Verpflichtungen, von gutem Benehmen, das die Kinder gefälligst zu lernen haben oder gar von »Disziplin« reden. Bei all dem haben wir, hören wir nur genau hin, ein insgeheimes Gefühl von Leere. Nein, »Disziplin« ist niemals Heimat. Ordnung, so notwendig sie manchmal sein mag, ist es auch nicht. Und gutes Benehmen? Nun ja, es ist angenehm, aber wir dürfen seine Wichtigkeit nicht übertreiben. Die Engel und die Hirten auf dem Feld sind all dem unvergleichlich überlegen. Mamas Kindheitserinnerungen und sogar die immergleichen Erzählungen der Großmutter, die die ganze Familie auswendig mitsprechen kann – alles ist so viel mächtiger und wirksamer als unsere Erziehungs-Bemühungen.

Die Ratgeber haben recht. Kinder benötigen Rituale. Nächstes Jahr wieder und das Jahr darauf auch. *Nur müssen es wirklich Rituale sein.*

Sich selbst lieben? Und was ist Demut?

Der Pfarrer sagt: »Wie willst du von den Menschen geliebt werden, wenn du dich selbst nicht liebst.« Er beruft sich auf das christliche Liebesgebot und fügt gleich eine leicht psychologisch tönende Ergänzung hinzu: »Nur wer sich selbst liebt, kann geliebt werden.«

Dies ist eine Szene aus dem Theaterstück *Andorra,* von Max Frisch, das in den 60er-Jahren für Furore sorgte. Dort geht es um die Frage, wie viel wir voneinander wissen können, wie sehr wir dazu neigen, uns ein Bild zu machen, ein Vorurteil, und ebenso darüber, wie sehr wir von den Blicken, dem Ansehen und Angesehen-Werden von anderen abhängig sind.

Das Bild, das sie sich von uns gemacht haben, prägt uns. Das ist die Pointe in diesem Stück: Alle glauben, dass Andri, die Hauptfigur, ein Jude sei. Und schließlich verhält er sich wie einer, der dem Klischee des Juden entspricht. In einem eigentlich durchschnittlichen Stück ist Frisch hier ein Monolog gelungen, der zur großen Theaterliteratur zu zählen ist: »Sie haben gesagt, dass ich mich so und so bewege. Ich habe in den Spiegel geschaut, und es stimmt: Ich bewege mich so und so ...« – so beginnt dieser Monolog.

»Du musst dich annehmen, wie willst du sonst angenommen werden?« Das ist die Betrachtungsweise des Pfarrers.

Erich Fromm hat in seinem Bestseller *Die Kunst des Liebens* dasselbe pointierter gesagt, »ein Mensch muss sich selbst lieben, sonst kann er nicht liebenswert sein«. Das klingt nahezu logisch, aber Logik ist meist zu wenig. So ist es auch hier.

Wie sollen wir uns selbst lieben, wenn wir nicht geliebt werden? Mit dieser Frage sind wir mitten in der Tragödie des ungeliebten Kindes. Es kann sich selbst nicht lieben, weil es nicht genug geliebt wurde. Ach nein, seine Tragik geht noch tiefer. Ein Neugeborenes, ein Kleinkind, das nicht von den freudigen Augen von Mama angesehen wird, wird gar nicht mit sich selbst vertraut. Es lernt sich nicht kennen, es lernt seine Gefühle nicht kennen, es lernt nicht einmal seinen Körper kennen.

Das ist eine der zentralen und eine der gewissesten Aussagen der Entwicklungspsychologie. »Mama schaut mich an, Mama lächelt und freut sich an meiner Existenz, jetzt durchströmt mich ein Gefühl von Freude. Jetzt lerne ich Freude kennen. Mama schaut traurig, ihr Blick ist leer, jetzt stürze ich aus meiner natürlichen Daseinslust in ein seelisches Nichts.« So lernen Kinder ihre Gefühle, so lernen sie sich selbst kennen. Wir haben uns nicht, wir empfangen uns. In einem afrikanischen Sprichwort in der Xhosa-Sprache heißt es klug: »Ich bin, weil du bist.«

Mutter und Kind in der frühesten Lebensphase sind wie zwei Spiegel, die mit der kristallenen Seite aufeinandergelegt sind. Sie durchdringen einander, durchwirken einander. Ein Kind wird mit sich selbst vertraut über den Klang von Mamas und Papas Stimme, über das Angerufen-Werden mit seinem Namen am frühen Morgen, wenn die Welt noch so befremdlich und neu ist – so erfährt es, dass es auf dieser Welt willkommen ist. So entfaltet sich das Ich. So füllt sich sein eigener Name mit Vertrautheit. »Ich habe dich beim Namen gerufen«, das ist auch eine frühkindliche seelische Wahrheit.

Deshalb: Nur wer geliebt worden ist, kann lieben. Die Selbstliebe, von der der Pfarrer in Frischs Stück sprach und die auch Fromm meint, kann man nicht verordnen, man kann sie auch nicht psychologisch trainieren. Unsere Überlegungen führen uns immer wieder zu diesem einen Grundgedanken: Lieben und Leben durchwirken einander, sie sind eines, unteilbar. Das geliebte Leben ist das göttliche.

Freilich gibt es eine Kraft der Nächstenliebe, die heilt. Ich will an dieser Stelle behutsam sein, aber meine Erfahrungen aus dem therapeutischen Raum zeigen Folgendes: Ich habe es oft mit traumatisierten Kindern zu tun, frühkindliche Bindungstraumata, sie können ebenso schrecklich sein wie Missbrauch. Diese verarmte Bindung, sie führt dazu, dass die Kinder sich selbst nicht lieben, und darüber hinaus auch die Welt nicht erfassen, die Gegenstände, das Beglückende eines Spielzeuges, die Vielfältigkeit der Dinge und die Plastizität des eigenen Verstandes – nichts davon will ganz in ihnen reifen. Nichts will sich tief in die Seele einsenken. Im Innersten bleiben sie leer.

Sie sind in der Welt nicht zu Hause, mit der Seele nicht, mit dem Körper nicht. Sie wollen nicht mehr essen, sie wollen ins Licht aufsteigen, in das Nicht-Da-Sein. Mag sein, dass die anorektischen Models in der Heidi-Klum-Show für viele junge Mädchen Vorbilder sind, sicher negative Vorbilder. Über den verhängnisvollen Hang zur Perfektion haben wir gesprochen. Aber die seelischen Erkrankungen wie Anorexie (Magersucht) oder Bulimie, Selbstverletzungen und vergleichbare Persönlichkeitsstörungen haben ihre Ursache nicht allein in falschen Vorbildern. Sie gehen weiter zurück, tiefer zurück, zurück nämlich in das erste Betrachtet-Sein, das erste Empfangen-Sein auf dieser Welt. War es nicht liebevoll genug, wie soll dann die Welt geliebt werden? Und wie sollte der, der in der Welt nicht willkommen war, an ihrer Eigenart, der Gestaltung ihrer

Objekte, der Vielfältigkeit ihrer Farben, Klänge, Stimmen und Menschen Freude empfinden?

Bindungsarmut ist Leere, unsägliche Leere. Und doch – mitunter gelingt ein kleines Wunder. Ungeliebte Kinder oder Beinahe-noch-Kinder hören nie auf, nach der Liebe zu suchen, denn sie ist ursprünglich in uns, ursprünglich wie das Leben. Nicht die Hoffnung stirbt zuletzt, sondern die Liebe. Manchmal gelingt es, manchmal gibt es einen Austausch von Blicken zwischen einem solchen verwundeten Kind und mir, und das Kind fühlt sich angeschaut, es fühlt sich aufgenommen vom Klang meiner Stimme und vom Ausdruck meiner Augen, es beantwortet die Stimme und das Schauen, es fasst Vertrauen. Ein enormer Schritt, ich, der Therapeut, kann gar nicht so viel dazu tun. *Es ereignet sich,* so selbstverständlich und sich selbst regulierend wie das Leben selbst. Wo dieses Vertrauen dauerhaft wird, wo es gelingt, es festzuhalten, über Wochen hinweg, Monate hinweg, da erwacht auch der Lebenswille wieder.

Das Kind oder das Beinahe-noch-Kind beginnt mit liebessuchenden Augen nicht nur mich, sondern auch seine Umwelt wieder anzuschauen. Vielleicht ist es 14 oder 15 Jahre alt, vielleicht verknallt es sich jetzt in einen Jungen oder in ein Mädchen. Solche pubertären Liebesaffären sind sprunghaft, eine löst die andere ab. Aber nichts daran ist bedeutungsarm. Das »Verknallen« ist ein erstes Lebenszeichen. »Ich will ja doch leben und Leben ist Liebe.« Das haben sie dann begriffen, anfangs nur für Tage, für die eine oder andere Woche vielleicht. Aber das erste Vertrauen, das Sich-Verfangen im Blick eines anderen, das sie im therapeutischen Raum erworben haben, erweitert sich nun. Was schon ganz erstickt schien, ganz verloren und leer, wird jetzt doch möglich. Leben ist möglich, weil Liebe möglich ist. Der Lebenswille rührt sich mächtiger, er ist von enorm ursprünglicher Kraft.

»Ich bin die Wahrheit und das Leben«, sagt Jesus. Er sagt es im Zusammenhang mit seinem Liebesgebot, das, wie wir wissen, von ungeheurer Radikalität war. Nicht nur den Nächsten sollst du lieben, sondern deinen Feind ebenso. Das heißt: Du sollst das *Sein* lieben, das Leben in seiner Abgründigkeit, die Liebe in ihrer Widersprüchlichkeit. Zwischen Zorn und Zuneigung, zwischen Hass und Vertrauen sollst du lieben. Das ist die Wahrheit, das ist das Leben. Diese verwundeten Kinder beginnen genau dies zu ahnen, wenn sie sich selbst heilen.

In unserem Zusammenhang gewinnt ein Wort wieder Bedeutung, das schon ganz in Vergessenheit geraten war. Ich lächele ein wenig vor mich hin, während ich es aufschreibe. So fix kann man sich gar nicht verdächtig machen wie beim Hinschreiben dieses Wortes, es ist ja geradezu in Verruf geraten. Es lautet: *Demut.*

Schlimmer kann es gar nicht kommen, denken Sie jetzt vielleicht. In einer Hochkultur der Individualität, der Bedürfnisbefriedigung auf Biegen und Brechen, auf Spitze und Kante, wo wir über Jahrzehnte gelernt haben, dass jedes versagte Bedürfnis mindestens eine seelische Störung, wenn nicht Schlimmeres nach sich zieht, in solcher Zeit redet man nicht gern von Demut. Obszöne Worte mit analem Bezug werden mühelos akzeptiert, das Wort Demut ruft allenfalls ein leicht herablassendes Lächeln beim Gesprächspartner hervor.

Aber ich beharre darauf. Demut, das ist auch eine Antwort auf den Zwang zur perfekten Individualität. Zum perfekten Dasein, statt zum reinen, puren Leben. Jesus war demütig, das wissen wir. Aber das ist ja auch schon 2000 Jahr her, da gab es noch keinen Warenverkehr und keine Konsumwerbung, keine Psychoanalyse und auch keine »Sex and Peace-Movements«. Jesus durfte demütig sein, wir dürfen das nicht. Wir sollten aber! Erinnern wir uns: Der Teufel versuchte ihn. Jesus hielt Einkehr, mitten in der Wüste, die so unabsehbar ist wie das

Meer, er sprach mit sich und seinem Gott, er hungerte. Da trat Satan an ihn heran. Ein wahrhaft teuflischer Schachzug. Denn ganz ins Ich zurückgezogen, verkrochen, ganz ohne Menschen, die einen anschauen, Hoffnung geben und Erwartung aussprechen, »hungernd« also, ist man Verführungen am ehesten erlegen. Der Teufel wusste das.

Und was hatte er anzubieten? Alle Macht der Welt, alle Schönheit der Welt – all dies ist dir zu eigen. Das ist die Sprache des Teufels. Das ist auch die Sprache unserer perfektionierten Kultur. »Sei du noch schöner als Heidi Klum.« »Sei noch ›hochbegabter‹ als dein Freund aus dem Kindergarten.« »Werde Ackermann 2 mit einer Bankkarriere ohnegleichen, alle Macht liegt dir zu Füßen. Die Schönheit erbst du ganz nebenbei.« Wir können uns Schönheit außerhalb der Kategorien der Perfektion gar nicht mehr denken. »Schön ist das Perfekte« – was für ein Verfall das ist!

Jesus bannte den Verführer mit einer Handbewegung. Er berief sich auf jenes Prinzip, das alle seine Reden prägte: die Liebe. Damit hatte er den Teufel erwischt! Schönheit ohne Liebe – wie sollte das wohl möglich sein? Macht ohne Liebe – wie sollte ausgerechnet sie uns erfüllen?

Liebe ist das Gegenkonzept, und damit bin ich auch wieder bei der Demut. Verstehen wir, wie beides ineinander verwoben ist? Die 16-Jährige, die versonnen vor dem Spiegel steht und sich in die Heidi Klum-Show träumt – wenn wir uns nur trauen würden ihr zu sagen: »Sei demütig!« Wir müssen es nicht mit *diesen* Worten sagen, Teenager würden darauf nicht unbedingt positiv reagieren. Schon bei dem Gedanken muss auch ich schmunzeln. Aber selbst in diesem Punkt bin ich gar nicht mehr so sicher. Ich habe in meiner Praxis immer mehr junge Mädchen, die sich ganz konsequent von den Vergleichsrivalitäten und dem Versprechen von Schönheit und Begehrt-Sein ohne Liebe abwenden. Sie suchen etwas anderes in sich, nicht das Spiegelbild, das Perfektion zeigen soll. Demut ist ein Wort, das sie sehr wohl verstehen würden.

Aber nun gut, in aller Regel sollten wir ein anderes Wort finden, nicht ausgerechnet *Demut.* Dem Inhalt nach ist aber genau dies gemeint. »Schau dich an und du wirst spüren, dass in dem Moment, in dem du dich dem perfektionierten Vergleich entziehst, indem du dich deinem Hochmut entziehst, eine innere Freiheit Platz greift.« Demut ist nicht Unterwürfigkeit, sondern das Gegenteil davon. Demut ist das Festhalten am Prinzip des Lebens, an der Fülle, der Vielfalt, der Differenzierung des Lebens. Und auch an der Tatsache, dass wir unter den Menschen und unter den Dingen, in der Fülle der Schöpfung nur eines sind. Ein Gegenstand, ein Objekt, ein Subjekt – wunderbar, wie die Schöpfung insgesamt. Und doch nur ein Einzelnes. Und immer bemüht, unser Einzelnes nicht in eine Vereinzelung, eine innere Einsamkeit übergehen zu lassen, denn der vereinzelte Mensch ist der Verführung ausgesetzt, mit ihm hat der Teufel leichtes Spiel.

Demut – das ist: »Ich suche die Nähe zu dir, ich suche deine Bedürftigkeit, wie ich sie in mir selbst spüre, und wo ich kann, will ich ihr aufhelfen. Demut ist, ich will nicht größer sein als du und nicht mächtiger, nicht schöner und nicht begabter, ich will sein wie du. Demut heißt, ich will mich in meiner Lebendigkeit von dir bestätigen lassen, ja, ich will meine Lebendigkeit zu gewissen Teilen von dir empfangen.« Demut und Liebe – das sind zwei Seiten derselben Medaille. Beide sperren sich gegen die Verführung der Macht, in welcher Verkleidung sie auch auftritt. Ob als das perfekte Model, das die Tagträume der Teenager besetzt oder als die Karriere an Banken und Börsen, das in den Tagträumen vieler Männer die Hauptrolle spielt, immer erstickt dabei das Leben. Demut ist jener Seelenstoff, mit dem wir uns gegen diese Verführungen schützen, die aus lauter Schein und Widerschein bestehen.

Demütig sollten wir im Übrigen besonders als Erzieher sein, als Eltern ebenso wie als Lehrer oder Erzieherinnen im Kindergarten oder sonst wo. Der Mangel an Demut entspringt auch bei vielen pädagogischen oder therapeutischen »Profis«, also in den »Menschen-Berufen«, dem Hochmut. »Wir wissen es besser, wir haben das studiert, wir haben schließlich unsere langjährige Praxis« – so treten viele Lehrer und Psychologen den Eltern gegenüber und sind hinterher erstaunt, verärgert oder enttäuscht, wenn die Eltern zum nächsten Gesprächstermin erst gar nicht erscheinen. Aber kein Mensch lässt sich gern vor Augen führen, dass er von nichts eine Ahnung hat und sein Gesprächspartner alles besser weiß.

Hochmütig sind wir als Eltern auch oft unseren Kindern gegenüber. »Ich weiß doch ganz genau, was wichtig ist – du bist ja nur das Kind! Es ist doch ganz klar, dass mein nächster Termin wichtiger ist als dein Spielen mit Bauklötzen oder Figürchen! Dass deine nächste Mathe-Klassenarbeit viel wichtiger ist als das Fußballspiel, das liegt ja wohl auf der Hand. Verstehst du das nicht? Dann muss ich es dir eben beibringen.« Lauter Sätze, die lieblos sind. Warum? Sie sind »hoch-mütig«, sie entstammen dem falschen Mut, mit dem wir uns selbst über den anderen Menschen erheben. Seien es die eigenen Kinder, seien es die Eltern anderer Kinder.

Hochmut erniedrigt, und wenn er noch so höflich ausgesprochen wird. »De-mut« ist auch hier jener Seelenstoff, der zu ganz anderen Verständigungen führt, zu anderem Verstehen. Zum Verstehen des eigenen Kindes, zur Freude an seinem Spiel, seiner innigen Tätigkeit, seinen glücklichen Augen, während es noch am Eisbecher löffelt oder die Bauklötze aufeinanderstapelt und stolz seinen Turm bestaunt – Demut öffnet uns die Augen.

Vergib mir – und ich gebe dir!

Es muss eine sonderbare Begegnung gewesen sein zwischen der jungen Frau, die Wasser aus dem Dorfbrunnen schöpfte, und dem Wanderprediger, dem ein widersprüchlicher Ruf vorausging – da standen sie voreinander, Jesus schaute die Frau an und sagte, man darf vermuten leise, unaufdringlich und eindringlich, wie es wohl seine Art war: »Frau, wo ist dein Ehemann?« Und sie erschrak. Sie fühlte sich erkannt – und beschämt. Scham, damit sie seelisch fruchtbar werden kann, braucht Vergebung. Jesus tat es mit einer unprätentiösen Geste, in der nichts von der Eitelkeit moralischer Überlegenheit spürbar war. Er bohrte nicht nach, er fragte nicht, er wusste. Und antwortete ihr: »Gehe hin und sündige hinfort nicht mehr!«

Vergebung ist ein Wort, in dem, wenig beachtet, ein anderes Wort verborgen ist, nämlich: »Geben«. Indem ich vergebe, gebe ich dem anderen. Nun ist es so: Wenn ich Liebe gebe, dann vermehrt sich die Liebe, sie wird nicht weniger. Mit dem Vergeben ist es genauso. Ich löse mich im Moment des Vergebens von meiner eigenen Bitterkeit, meinem unsicheren Blick auf diesen oder jenen Menschen. Ich überwinde das Misstrauen, das wer weiß wie lange schon in mir gärt. Ich vergebe dir, das heißt: Ich befreie mich von dem, was mein Herz einzwängt.

Die Welt wird weniger fremd, weil ich aus dem schwierigsten Bereich der Seele, dort, wo unsere Bitterkeit oder Enttäuschung wohnen, »geben« konnte.

Bin ich weniger geworden durch mein Geben? Oder bin ich nicht doch »mehr« geworden, freier, weniger unruhig, weniger verkrampft? Weniger ängstlich? Ja, so ist es! Vergebung ist mehr als nur Geben. Vergeben ist auch ein Empfangen.

Jesus war ein Meister der Vergebung. Das Neue Testament ist voll von »Vergebungs-Geschichten«. Da ist die Ehebrecherin, die dem wandernden Jesus begegnete, er hielt ihr ihren Ehebruch vor und sie leugnete.

»Wo ist dein Ehemann«, fragte Jesus und sie antwortete: »Herr, ich habe keinen Ehemann. Ich bin nicht verheiratet.« Jesus schaute sie an. Nein, keine postmoderne »Alles-ist-erlaubt-Mentalität« kann sich auf ihn berufen. Er antwortete keineswegs: »Nun gut, jeder hat seine Bedürfnisse, zumal sexuelle, alles halb so wild, überleg dir die Sache noch mal.« Jesus ist sehr eindeutig. Er spricht: »Sündige hinfort nicht mehr.«

Das ist die andere Seite der Vergebung. Sie besteht darauf, dass eine Verfehlung begangen wurde. »Sündige nicht mehr« heißt auch: »Du hast gesündigt.« Ein Ehebruch ist keine Kleinigkeit, sondern eine »Sünde«, man lese die harschen Passagen aus der Bergpredigt nach. Aber Vergebung hat eine Kraft über die Einsicht in die Verfehlung hinaus, sie sagt: »Ich gebe dir meine Zuwendung und deine menschliche Würde unbeschadet zurück.« Vergebung sagt auch: »Ich entlasse dich nicht aus deiner Eigenart, zu der dein Tun gehört, und es war eine ›Sünde‹.« Vergebung sagt zuletzt: »Überwinde die Sünde.«

Wir tun uns in der Erziehung oft schwer damit, eben dies einem Kind deutlich zu machen: »Du hast einen Fehler begangen, vielleicht einen ernsthaften und das ist schlimm, vielleicht sogar böse *und* ich vergebe dir, ich bleibe dir zugewendet, du bist ein geliebtes Wesen, du bist ein Teil von mir.« Ohne das

Beharren auf das Verfehlte seines Tuns bekäme das Verzeihen einen Charakter von Beliebigkeit. »War ja alles nicht so schlimm.« Was soll ein Kind damit wohl anfangen? Und wichtiger: Wie soll es sich auf solch ein gleichgültiges Vergeben verlassen können? Das tröstet nicht, während doch die Gewissensstimme in dem Kind drängt und droht.

Eben dies können Eltern von Jesus lernen, ein Vergeben, das die Wahrhaftigkeit stärkt. Vergebung ist niemals gleichgültig. Gleichgültigkeit ließe sie sinnleer erscheinen.

Schauen wir auf die Kinder und wir erkennen, dass sie nach irgendeiner blödsinnigen Untat nicht wollen, dass man schweigend darüber hinweggeht. Ein »nicht so schlimm, macht ja nichts« kränkt sie nur. Sie wollen mit ihrem falschen Verhalten, mit der Verfehlung gegen ihre innere Wahrhaftigkeit konfrontiert werden – aber auf eine Weise, die ihr gerechtfertigtes Mensch-Sein (»ich bin willkommen in diesem Leben, ich bin beim Namen gerufen«) nicht einen Augenblick in Zweifel zieht.

»Sündige hinfort nicht mehr«, sagt Jesus zur Ehebrecherin, das ist wie ein Auftrag. In diesem Auftrag schwingt die *überwundene* Verfehlung und Jesu Vertrauen in die Kraft moralischen Seins mit. Das macht die Frau stark. Keine Aburteilung, kein kaltes Auslöschen der Besonderheit, der Eigenart einer Person, kein Postulieren des Gesetzes über den Menschen findet statt. Dies ist nicht die Art des Menschen- oder Gottessohnes. Die Menschenliebe steht über dem Gesetz, weil es sich nur in ihm, dem wirklichen Menschen, erfüllen kann. Auch darin war Jesus revolutionär und ging über die Gebote des alttestamentarischen Moses hinaus.

Eindeutig sein, das ist also, was Eltern hier lernen können, eindeutig sein, damit sie ein bestimmendes, sinnstiftendes Gegenüber für ihr Kind sind, aber nie ein urteilendes, erst recht kein strafendes. Wie sollten ein Vater oder eine Mutter sich denn sonst in die verwirrten Turbulenzen einer kindlichen Seele, die fehlgegangen ist, einmischen, ordnend und beschützend?

Vergebung ist wie alle Erziehung eine Kunst, gelingt sie uns, reifen wir an ihr.

Schäm dich – und versteck dich nicht

Vergebung macht also stark, denn es wird »gegeben«. Wem etwas gegeben wird, der wird stärker, nicht schwächer. So entsteht Einsicht. So entsteht auch jene Scham, die einem Nachsinnen über das eigene Handeln und Fühlen aufhilft und schon deshalb nicht entwürdigt, wie es Strafe in jedem Fall tut. Vergebung ist eine ernste Antwort auf verfehltes Verhalten, durch die der »Sünder« mit sich selbst versöhnt wird. Für Kinder gilt dies in besonderer Weise. Jesus wich keinen Millimeter ab davon, dass der Bruch der Ehe oder das Leben mit mehreren Männern ein Vergehen ist, ein Vergehen gegen das jüdische Gesetz, das Gesetz Moses, letztlich das göttliche Gesetz. Darin lässt er sich keineswegs beirren. Aber zugleich ist seine Haltung eine gebende. Beides widerspricht sich nicht.

Und nun schauen wir auf die Folgen. Die Ehebrecherin war von Jesu Worten beschämt. Scham ist nicht angenehm, Scham überführt uns dessen, was wir vor uns selbst gern verborgen halten. Scham ist insofern aber auch Erkenntnis, Selbsterkenntnis. Scham kräftigt. So war es auch mit dieser Frau. Sie verkroch sich nicht, weder in Trotz noch Bitterkeit, auch nicht in fruchtlose klägliche Selbstbeschuldigung. Nein, *die Vergebung hatte ihr Herz und ihren Mut geöffnet.* Sie eilte in die Stadt, um auf dem Markt zu verkünden, was geschehen war. »Da ist einer, der hat mir gesagt, was ich getan habe« – die Scham als Erkenntnis ihrer selbst ermutigte sie dazu, vor die Mitmenschen, die Gemeinschaft zu treten: »Schaut mich an, ich bin jetzt eine andere geworden, hört nur, was mir geschehen ist! Ich wurde in meiner Verfehlung erkannt und mir wurde vergeben, beides in gleicher Weise.«

So müssen wir mit unseren Kindern reden, wenn sie etwas verbockt haben. Das kann gelegentlich auch etwas Schwerwiegendes sein. Sieben- oder Achtjährige beispielsweise lügen oft, sie stehlen auch manchmal. Viele Eltern sind dann tief erschrocken – das ist aber ganz unnötig, denn der Akt des Stehlens ist fast immer von einem tiefen Schuldgefühl begleitet. Wenn uns nun nichts anderes einfällt als Strafe ohne Vergebung, dann ersticken wir das Schuldgefühl, das auch Selbsterkenntnis ist. Dann staut sich Kränkung in der kindlichen Seele und führt dazu, dass das kleine Selbst noch unruhiger, noch unbefriedigter als zuvor wird – und gleich wieder zugreift, möglicherweise wieder in Mamas oder Papas Portemonnaie.

Ein Kind, bei einer Schlechtigkeit ertappt, *muss* angeschaut werden, wie Jesus diese Frau anschaute: Nicht zögerlich, nicht verlegen-umständlich, sondern mitten hinein in das Zentrum des Vergehens. »Du hast gelogen, du hast mich bestohlen.« Klarheit muss her, Zaghaftigkeit nutzt keinem. Doch nur, wenn die Eltern dies, bei aller Entschiedenheit, mit jenem Blick und jenem Klang in ihrer Stimme zur Sprache bringen, der ihre *unauslöschliche* Liebe zu dem Kind deutlich macht, nur dann wird das Kind auch begreifen, dass Lügen und Stehlen ein »Ver-gehen« (ein Irrweg) waren, es hat sich vergangen an dem, was ihm jetzt vergebend vor Augen geführt wird: an der Liebe seiner Eltern.

Kein Kind will die Liebe verlassen, überhaupt kein Mensch will das. So entsteht Einsicht, manchmal eine, die sich schämt – und darum Trost braucht. Liebe ist der Anfang und das

Ende. So kann man es bei Johannes nachlesen. So ist es auch mit der moralischen Erziehung. So ist Vergebung nach Jesu Vorbild, ohne große Geste, ohne Gefühls-Getöse, eindringlich, weil sie die Wahrheit ausspricht.

Jesus hat es vorgemacht, Klarheit, unbedingte Klarheit *und* Vergebung, führen zu Scham. Scham in einem selbsterkennenden Sinn. Scham, die sich dem Sozialen, der Gemeinschaft öffnet – wie es die Ehebrecherin zeigte! Niemals aber darf Scham ein Kind dazu veranlassen, sich be»schämt« und gekränkt, gedemütigt und verkleinert, erniedrigt, in eine Ecke zurückzuziehen. Wir denken doch oft so: Soll unser Kind sich nur schämen, soll es sich ruhig in sein Zimmer verkriechen und sich mit dem befassen, was es wieder angestellt hat. Vielleicht lernt es daraus! So lernt ein Kind eben nicht, Menschen überhaupt nicht.

Scham muss *ermutigen,* wie die Ehebrecherin ermutigt wurde – sogar gegenüber der Öffentlichkeit ihres Dorfes! Wie das gelingt? Jesus hat es vorgemacht.

Wer Kinder liebt, ist Gott näher

Es gibt viele Texte in den Evangelien, die etwas darüber aussagen, dass Jesus ein heiterer Mensch war. Menschen versammelten sich um ihn, dabei war er gar kein schmeichlerischer, kein anbiedernder Prophet, sondern einer, der mit klaren und kargen Worten seine Wahrheit verkündete. Doch jede einzelne seiner Handlungen und seiner Worte erfolgten auf der Basis jenes Gebotes, das er für das wichtigste erachtete und konsequent und radikal in der Bergpredigt bei Matthäus formulierte: »Ich aber sage euch, liebet eure Feinde. Tut gut denen, die euch verfolgen und hassen.« Ein gewaltiger Anspruch. Dieses Beispiel soll hier lediglich als Illustration dafür stehen, wie sehr das Wesen und die Haltung jenes Jesus von Nazaret von Liebe und Charisma, von bewegenden Worten geprägt war. Jesus war das, was man heute einen »kreativen Menschen« nennen würde. Er liebte es zu erzählen. Seine Botschaften und seine Wirkung beruhten nicht auf simplen Sätzen, auf Thesen, wie sie heute in politischen und öffentlichen Diskussionen verbreitet sind. Er *erzählte*, um die Farbigkeit des Lebens, die Freude am Dasein in seinen Worten aufscheinen zu lassen.

Seine Gleichnisse sind eine ganz eigene Art zu »denken«. Die schwierigsten »Sachen« werden in Jesu Gleichnisse an das tägliche (oft mühsame) Leben seiner Zuhörer angeglichen.

Seine Sprache rührt ihr Herz, sonst würde der Verstand taub und blind bleiben.

Die Geschichte vom Weinberg, die Geschichte vom heimgekehrten Sohn – dies ist erzählendes menschennahes Denken und Verkünden, wie wir es in einer technokratisch geprägten Welt, in einer bürokratisch geprägten Wissenschaft, in einer verängstigten zahlengläubigen Politik nicht mehr häufig vorfinden. An Jesu Worten können nicht nur Eltern lernen, wie man menschliche Herzen erreicht und sie zugleich nachdenklich stimmt.

Gleichnisse sind Denkmodelle, die sich ganz nah, in Sprachbildern, am Leben der Zuhörenden bewegen. Freilich war Jesus eingebunden in die agrarische Kultur eines Volkes, dessen Existenz von Vertreibung und Zerstörung, von Flucht und Wanderschaft geprägt war. Auch dies findet sich in der lebendigen, immer zu Aufruhr neigenden Sprache des Jesus von Nazaret wieder. Kreativ also, aufrührerisch, zutiefst liebevoll bis in die feinsten Fasern seiner Sprache sind die Bilder seiner Gleichnisse, erzählte Metaphorik und zugleich hatten sie eine Anmutung von Humor.

Denken wir nur an sein allererstes Wunder, das in nichts anderem bestand als darin, einer höchstvermutlich schon ziemlich angetüttelten Hochzeitsgesellschaft, der die Getränke ausgegangen waren, Wasser in Wein zu verwandeln – sie sollten Freude haben, diese Menschen, mindestens eine Nacht lang. Jesus war kein Pharisäer, er wusste genau, dass guter Wein einfach nicht fehlen darf bei diesen Familienfeiern inklusive ihren allseitigen Verbrüderungen zu später Stunde – wer sich da nicht alles umarmt und versöhnt! Wie soll es sonst eine fröhliche Hochzeit werden? Wahrhaft, der Mann liebte das Leben, gelassen und großzügig. Menschenliebe und Lebensfreude, beides zeigt die Verwandlung von Wasser in Wein – vergessen wir nicht, wie schmerzlich Jesus in jener Nacht auf Golgata um sein irdisches Dasein trauerte.

In unserer Erziehungskultur, hat man den Eindruck, ist für solche Liebe kein Platz. Sie wird geradezu systematisch durch »wissenschaftliche Fundierung« ersetzt. Die vielen Formulare und Dokumente, die tagtäglich in unseren Kindergärten und Grundschulen über Kinder angefertigt werden, bestätigen diesen Eindruck. Dies ist Ausdruck einer zunehmend verbürokratisierten, mechanistischen Auffassung vom Kind, seiner Bildung, seinem Weltwissen und seinem seelischen Reifen. An den Gleichnissen Jesu könnten wir lernen, wie verfehlt das ist.

Kurzum, immer dort, wo die Lebendigkeit, der Austausch der Blicke, die Berührungen und die Begegnungen fehlen, wo das Dasein nicht im Licht der Liebe betrachtet wird, sondern kontrollierend, prüfend ordnend, dort fehlt auch die Begabung zum Glück. Im Umgang mit Kindern gilt dies ganz besonders. Wir leben in einer Kultur, in der ausgerechnet jene Phasen des Lebens, nämlich die Kindheit, die am tiefsten von Glück durchwirkt sein könnte und an der wir am leichtesten lernen könnten, was freies beschwingtes Glück ist, immer weiter methodisiert und formalisiert wird. Die liebevollen Kindergärtnerinnen werden von bürokratischer Seite dazu gezwungen, abends irgendwelche sinnleeren Entwicklungsdokumente Kind für Kind auszufüllen, Entwicklungsstandards zu bemessen und zu bewerten und sie in den Aktenschränken von Sozialbürokratien abzulegen.

So viel vertane Zeit, vergeudete Zeit. Aber schlimmer ist dies: Damit wird den jungen Erzieherinnen oder Lehrerinnen – und manchen Müttern ebenso – ein ganz falsches Verständnis vom Umgang mit Kindern beigebracht. Also auch ein radikal falsches Verständnis von kindlichem Glück. Moderne Erziehung in Bildungsinstitutionen besteht vornehmlich darin, Kinder an allen Ecken und Enden zu fördern, so kommt es einem vor, insbesondere in den Bereichen, die Kinder ganz von selbst vergnügt und stolz aus eigener Kraft erwerben würden. Vom Geist des Begründers der Kindergärten Fröbel scheint kaum etwas geblieben. Und vom beglückten Stolz der Kleinen auf jeden geistigen oder körperlichen Fortschritt auch nicht.

Die große Kraft des Erzählens, die Geschichten von großen und kleinen Wundertaten, von den Toten und Blinden passen nicht mehr in eine »methodische Lernkonzeption«. Das Fantastische, das Magische stört nur. In keinem Entwicklungsdokument wird die »Begabung zur Fantasie« aufgeführt. Die Liebe zum Leben, die Jesus zeigte (und die so furchtbar werden kann wie in der Nacht auf Golgata), hat offensichtlich überhaupt nichts zu tun mit solch einer »moderner Bildung und Frühförderung«.

In den Schulen wird es noch schlimmer. Da geht es nur noch um Vergleiche, um Tests, Landestests, zentrale Tests, Klassentests. Es geht nur noch um Nummern und oft höchst komische Bewertungsskalen und Zahlen, daraus entziffern nicht nur Eltern, sondern auch viele Lehrer die Bildungsfähigkeit eines Kindes. Es ist traurig, es ist sogar dumm und es ist zutiefst unchristlich.

All dies macht Kinder unglücklich, aggressiv, setzt sie unter Druck und dieser Druck ist so allgegenwärtig, dass aus ihm ein Grundgefühl von Ohnmacht entsteht. Ohnmacht führt zu Angst und Angst zu Aggressivität. Ohnmacht führt auch zu Dummheit und Dummheit zu Herrsch*sucht* und Egoismus. Tun wir damit in unserer Kultur nicht all das, was Jesus nicht tat und nicht wollte? Wir leugnen seine Botschaft, seine Haltung, seine Menschlichkeit und sogar seine Sprache und seine Liebe zum Leben. Deshalb sind wir unglücklich. Und deshalb werden auch unsere Kinder unglücklich – nach demselben System, das uns, die Erwachsenen, in den Fängen hält.

Jesus war anders. Jesus berief sich auf das Alte Testament, und worin besteht es? Es ist eine Summe von Legenden, Erzählungen und Überhöhungen eines kollektiven jüdischen

Schicksals, eines oft verworfenen Schicksals, Erzählungen von Flucht und Vertreibung, aber auch vom Sieg, Erzählungen vom Gottvertrauen und das hohe Lied der Liebe – dies alles gehört zu jener Tradition, die geschrieben stand, und die Schrift war die Wahrheit – auch für Jesus aus Nazaret. Aus dieser Tradition schöpfte er seine Lust am Formulieren, seine Klarheit und Härte dort, wo es um Wahrheit ging, seine Versöhnung und Großmut, wo gegen ein Gesetz verstoßen worden war. Sein Leben war lebendig, sein Sprechen war es auch. So verbreitete er Sinnhaftigkeit noch für das elendeste Leben und, modern gesagt, er verbreitete Glück. Aber es ist kein naives selbstgefälliges Glück – kein gedankenloses »Ach, geht's mir gut!«. Solche Befindlichkeiten finden sich weder im Alten noch im Neuen Testament. Beide Religionen, die jüdische und die christliche, lassen nicht die geringsten Zweifel daran, dass das menschliche Leben nicht einfach quietschvergnügt ist, sondern der Erlösung bedarf. Die Juden warten darauf in Gestalt des Messias, die Christen sagen, ein versöhntes Leben sei beispielhaft in der Gestalt des Jesus von Nazaret erschienen.[5]

Und doch – schauen wir auf unsere Kinder. Bei ihnen hat sich in ihren schöneren Lebensphasen das reine Dasein mit einer uneingeschränkten Daseinslust vermählt. Man muss ihnen nur zuschauen, wie sie in Pfützen springen und auf Spielplätzen rutschen und schaukeln, das ist mehr als nur »Ich bin«, das ist reines uneingeschränktes Leben, oder anders gesagt: Das ist ein »Ich bin« in der ganzen Fülle des »Seins«. Auch insofern hat Jesus recht behalten mit seinem Ausspruch: »Ihrer [der Kinder] ist das Reich Gottes.« Machen wir sie also froh und vertraut mit ihrer Welt, näher können wir dem Reich Gottes auf Erden nicht kommen.

Musst du denn schon gehen?

Jesus war kein ausweichender Mensch. Manche seiner Sätze tönen hart, fast erbarmungslos. Sie sind es aber nicht, in ihnen verbirgt sich vielmehr ein tieferes Erbarmen, das sich nicht sentimental zu erkennen gibt, sondern an die Wahrheit des Menschenschicksals rührt, und diese Wahrheit hat tragische Züge.

Jesus wusste das. Er stellte sich ihnen. Niemals wären Sätze, wie wir sie aus modernen (Pseudo-)Therapien kennen, aus seinem Mund gekommen. »Du, ich glaube, du solltest alles viel positiver sehen ... usw.« Das ist eine Sprache, die Jesus wohl unwahrhaftig genannt hätte. *Seine* Sprache ist heute verpönt. Übrigens auch in der Kirche, zumindest in meiner, der evangelischen. Dort wird oft geredet und gepredigt, als befände man sich auf therapeutischen Kongressen. Aber die biblische Sprache, das klare Wort, die Härte, wenn menschliches Schicksal beschrieben wird, klingt in ihr ganz selten auf. Das ist, nebenbei bemerkt, einer der Gründe dafür, dass die Kirchen immer leerer werden: Was ich eh an allen Ecken und Enden höre und lese, birgt keine neue Erkenntnis und keine Weisheit, schon gar nicht berührt oder überwältigt es mich, deswegen muss ich nicht sonntags vormittags um neun Uhr aus dem Bett klettern. Seicht Vernünftelndes schaue ich bequemer im Fernsehen an. Es ist sowieso immer dasselbe.

Wahrheitssätze ohne penible Rücksicht auf den Zeitgeist – das wäre etwas anderes, etwas Besonderes. Dafür würden, denke ich, viele Leute aufstehen, sogar sonntags um neun Uhr. Ich übrigens auch.

Jesus sprach solche klaren Sätze. Beispielsweise als er Abschied nimmt von seinen Brüdern, dem Vater und seiner Mutter. Jesus macht sich auf zu seiner großen Reise, er wird predigen, wandernd von einem Ort zum nächsten, seine Reise ist voller Gefahren, die staatlichen Instanzen haben schon einen misstrauischen Blick auf ihn geworfen. Die Mutter weint. Jesus wendet sich ihr zu. Findet er nun tröstende Worte? Nein, ausdrücklich nicht. Er sagt vielmehr: »Weib, was hab ich mit dir zu schaffen ...«. Das schlägt uns geradezu ins Gesicht. Gerade auch diejenigen unter uns, die sich intensiv und zu Recht mit – akademisch gesprochen – der »Bindungsforschung«, also mit der Mutter- und Elternliebe, dem irdischen Quell der Liebe, befasst haben. Ich werde an anderer Stelle zeigen, dass Gottesliebe und Mutterliebe einander verwandt sind. Und dennoch diese harten Worte? Warum?

Worte des Abschieds klingen oft versöhnlich nach dem Motto »Ich komme ja zurück«. Jesus wusste, dass er nicht zurückkommen würde. Er ging einem Schicksal entgegen, für das er sich entschieden hatte und an dessen Ende ein qualvoller Tod stand. Er wusste es, jetzt schon, während er noch im Aufbruch begriffen war. Er war erwählt worden, ausgewählt, bis in die Tiefen seiner Existenz hinein mit den Worten, »der Sohn, an dem ich ein Wohlgefallen habe«. Eine tiefere Entscheidung, vielleicht eine göttliche oder bescheidene, eine existenzielle, trug ihn von den Orten seiner Ursprünge, seinem Handwerk, den Brüdern und der Mutter und dem Vater fort einem Dasein entgegen, das gewiss auch Entbehrung und sogar Qual bedeuten würden, aber zugleich ein Sein in der Verkündigung war.

Manchmal ist die Wahrheit hart und das Leben in ihr ist es in besonderer Weise. Trost wäre eine Lüge, aber er konnte nicht lügen, der Gottes- oder Menschensohn. Er musste sie wegstoßen, die Quelle der Bindung, die ihn ans Heimatliche fesselte, um sich einer Botschaft zuzuwenden, die auf Erden nicht willkommen war. Das wusste er. Jeder Satz, den er auf jenem Berg, als Hunderte zu seinen Füßen lagerten, sprach, spiegelt in seiner Kraft und Klarheit auch die Härte dieses Abschieds. Keiner verlässt seine Brüder, den Vater und gar die Mutter ohne Schmerz. Dieser Schmerz schwingt in seinen Worten und Taten nach. Hören wir doch hin. Was er den Lebenden und den Toten zukommen ließ, macht deutlich, dass kein Zögern, nicht im Geringsten, erlaubt war, dass seine Wahrheit keine Duldung, keine Minderung ertrug. Wahrhaftig also war der Satz, in dem er sich von der Mutter löst. Psychologisch gesprochen mag man in dieser Härte durchaus den Schmerz spüren, den ihm jener Abschied bedeutete. »Was habe ich mit dir zu schaffen?« war kein Abweisen der Mutterliebe, der mütterlichen Sorge und Angst – nichts davon. Das sollte sich noch erweisen, bei Johannes lesen wir, dass die eifrigen Jünger sich am Tag der Hinrichtung ins Gebüsch schlugen, in die Nebengassen, sie hielten sich verborgen und zeigten ihr Gesicht nicht (»Ich kenne diesen Menschen nicht«, sagte Petrus, und gleichwohl war er der Fels, auf dem die Kirche errichtet werden würde); unter dem Kreuz aber lagen zwei Frauen, die Geliebte und die Mutter. Beide hatten die unerbittliche Härte des Menschenschicksals und der göttlichen Botschaft angenommen.

Elternliebe hat diese tragische Seite. Sie muss sich von dem geliebtesten Menschen, dem Kind lösen, mehr noch, sie muss ihre ganze Anstrengung darauf richten, dass der geliebte, vielleicht geliebteste Mensch von allen dazu befähigt wird, sich zu trennen. Das ist vielleicht die schwierigste Phase für Eltern, und sie gelingt auch nicht immer. Damit sind wir bei einer weiteren Erziehungswahrheit, angestoßen von einem Wort Jesu. Vielleicht kommt sogar der Augenblick, an dem wir uns und unserem Kind sagen müssen: »Was habe ich mit dir zu schaffen?« – das ist etwas ganz anderes als das unter Pädagogen verbreitete »Loslassen«. In solch einem Satz springt uns die Unerbittlichkeit der Wahrheit und unserer Liebe an.

In der modernen Welt fallen uns Trennungen viel schwerer, als es in den verarmten, handwerklich-agrarischen Kulturen zu Jesu Lebzeiten der Fall gewesen sein mag. Wir sind in einer kalten, hastigen und leeren Welt so aufeinander angewiesen, besonders in der Familie, dass wir einander gar nicht mehr loslassen wollen, wir binden uns so sehr, dass wir manchmal an dieser Bindung zu ersticken drohen. Von Jesus lernen wir: Unsere Kinder greifen nach ihrem eigenen Schicksal, mutig und froh, wenn wir gute Eltern sind, und wir sollten sie nicht daran hindern. In jedem Kind wächst Jahr um Jahr ein Abschied heran, endgültig und nicht widerrufbar. Deshalb lieben wir jede Stunde, die sie bei uns sind, und wenden uns ab, wenn sie sich auf ihren eigenen Weg begeben. Aber, ich weiß, es tut weh. Eine meiner liebsten Erzählungen, geschrieben von Marie Luise Kaschnitz, endet so: »Beinahe hätte ich es vergessen«, sagte ich. »Was vergessen?«, fragte die Nachbarin. »Dass das Schicksal des Menschen ein tragisches ist«, sagte ich.

Zorn ist auch Menschlichkeit

Einem Menschen wie mir, der bei Konflikten zu eindeutigen Lösungen neigt, geht natürlich das Herz auf, wenn er liest, wie Jesus die Händler aus dem Jerusalemer Tempel vertrieben hat. Himmel, was muss der Sohn Gottes dort gewütet haben! Man muss sich das einmal vorstellen: eine Schar von Händlern, alle nicht von der harmlosesten Sorte, also Leute, die sich keineswegs ohne Weiteres von ihren Ständen vertreiben ließen, die keineswegs geduldig wie Schafe einer Anordnung folgten, auch wenn sie von einem mehr oder weniger anerkannten Propheten ausgesprochen wurde – die dachten gar nicht daran! Wie auch immer, er hat sie vertrieben. Unter diesem harmlosen Wort »vertrieben« darf man sich sehr wohl Handlungen vorstellen, die einem modernen friedliebenden Pädagogen, der gerade seinen zehnten Anti-Gewaltkurs mit Grundschülern absolviert, die Verzweiflung ins Gesicht treiben.

Aber ich sagte es ja schon, ich empfehle Eltern, sich Jesu Vorbild gerade in diesem Punkt zu Herzen zu nehmen: Er war nicht nachgiebig, er war klar, er war hart, er zögerte nicht, wenn er sich auf Seiten der Wahrheit – und das waren die Gebote des alttestamentarischen Gottes – wusste. Jesus war natürlich, flapsig gesprochen, ganz »auf der sicheren Seite«, er war tief eingebunden in diese alttestamentarischen Gesetze, er lebte sie und zwar so entschieden, authentisch und radikal, dass er sie an einigen wichtigen Punkten sogar weiterführte, über sie hinausging – beispielsweise beim Liebesgebot. Aber darauf kommen wir noch zurück.

Zunächst einmal zu den Händlern. Wie eine Furie muss Jesus unter sie gefahren sein, rücksichtslos könnte man sagen – wahrscheinlich hätte man ihn heute in eine Klinik gesteckt! Kurzum, die Händler ergriffen die Flucht. Ganz sicher nicht ohne den einen oder anderen Fußtritt gegen den wütenden Propheten und bestimmt nicht so, dass sie zwar murrend, aber letztlich einsichtig den Weg nach Hause antraten. So war es nicht! Sie wichen dem gerechten Zorn Jesu, und der war unnachsichtig.

Welch ein Unterschied zu dem, wie wir uns heute unseren Kindern präsentieren. Stellen wir uns einen gut ausgebildeten Sozialpädagogen oder einen Verbindungslehrer vor – oder gar, um den Gedanken auf die Spitze zu treiben, einen Therapeuten – und fragen uns, wie er bei der Vertreibung der Händler wohl vorgegangen wäre. Vermutlich so: Der Pädagoge, Verbindungslehrer oder Therapeut, vielleicht sogar ich selbst, hätte sich zunächst einmal vertrauensvoll einem Händler, der ihm zugänglich erscheint, gewendet und mit sanft-werbender Stimme ungefähr Folgendes gesagt: »Weißt du, ich habe das Gefühl, dass du dich zur Zeit gar nicht so richtig o.k. fühlst. Wäre eine andere Position für dich und deinen Stand nicht viel angenehmer? Ich kann dir einen alternativen Ort (»Zielbestimmung«, im therapeutischen Fachjargon) nennen, ganz bequem, ganz in der Nähe, ich zeig dir Schritt für Schritt, wie du dorthin gelangst. Wir beide schließen einen kleinen Vertrag mit dem Inhalt, wie du alle diese Schritte erfolgreich hinter dich bringst, und schon hast du einen sehr viel besseren Platz für dein Geschäft gefunden. Hinterher belobigst du dich selbst, ja? Ganz nebenbei, es behagt dir doch auch nicht, dass Gott in der Nähe ist, gleich hinter der Tür, dort am Altar. Kann nicht gut sein fürs Geschäft und für die Seele auch nicht.« So oder so ähnlich hätte ein Therapeut gesprochen. Und der Händler? Er hätte sich zweimal an die Stirn getippt und gesagt: »Dieser Mensch ist absolut nicht ernst zu nehmen – der spinnt ja!« Warum hätte der schlichte Mann so empfunden? Weil solche verquälte, verriegelte, solche zielorientierte und manipulative Rede zutiefst unmenschlich ist. Ja, richtig, *unmenschlich!*

Aber schlägt das nicht allen Konventionen und zivilen Übereinkünften ins Gesicht? Haben wir denn nicht gelernt, dass wir behutsam und einfühlend miteinander umgehen sollen, dass wir geschickt, möglichst in Übereinstimmung mit ihrem Willen versuchen, Menschen zu lenken und zu motivieren, Kinder zumal? Natürlich haben wir das gelernt, und zwar nicht nur die Pädagogen und Manager und Therapeuten, wir haben es alle gelernt. Unsere Alltagskommunikationen sind davon durchdrungen – locken, überzeugen, überreden, immer ganz sanft und manipulierend.

Und warum nenne ich das unmenschlich? Aus diesem Grund: Hier ist noch die letzte Spur von Nähe, Berührt-Sein, erst recht von Empörung und Wut geschwunden. Aber ist es nicht so, dass sogar in der Wut, im Zorn auf einen anderen Menschen mitsamt seinem Fehlverhalten, eine Art Anteilnahme mitschwingt, eine Nähe zu seinem Mensch-Sein, so dass ich mich gar nicht neutral und nüchtern-beherrscht verhalten *kann* – und auch nicht *darf!* Was wir unter Geduld verstehen, was wir häufig unter vernünftigem und zielorientiertem Verhalten fassen, das ist nichts anderes als eine tief in uns hineingewachsene zivile Kälte.

Jesus hatte nichts davon. Auf niemanden passte das Wort des vierten Engels in der Apokalypse des Johannes so wenig, wie ausgerechnet auf ihn. Erinnern Sie sich an den vierten Engel? Das ist mein Lieblingsengel! Er sprach: »Ich habe wider dich, dass du nicht warm noch kalt bist. Ach, dass du warm oder kalt wärest. Da du aber lau bist, werde ich dich ausspeien aus meinem Munde.«

Nein, lau war Jesus nicht. Lau sind wir Pädagogen und viele Eltern aber im Umgang mit unseren Kindern – und die nehmen uns das übel. Schon diese vernünftigen, in den Grundschulen lernpsychologisch therapeutisch geübten Anti-Aggressions-Projekte gehen den Kindern gehörig auf die Nerven. Sie spüren darin das Manipulative, das rationale »Schritt-für-Schritt«, das Gefühlsverarmt-Vernünftige. Sie spüren die Lauheit in solchen pädagogischen Projekten, methodisch abgesichert und insgeheim entpersönlicht.

Für ein Kind, das auf Menschen, Stimmen und Gefühle reagiert und nicht auf professionalisierte Moral, wirkt das alles bestenfalls gleichgültig. Da hören die Kleinen überhaupt nicht hin! Sie hören auf Menschen, nicht auf Moralsätze.

Bis vor einiger Zeit wurde an Schulen, vor allem an Haupt- und Grundschulen, mit psychologischen Programmen hantiert, die beispielsweise »Faustlos« hießen und die Kinder zur Friedfertigkeit anhalten sollten – was sie nach hartnäckigen Beteuerungen vieler Lehrer auch taten. Inzwischen sind die Zeiten härter geworden, viele Schulen, auch Grundschulen, sind dazu übergegangen, Erziehungsprojekte durchzuziehen, die einem Dressurprogramm ähneln.

Das, so scheint mir, ist die andere, die dunkle Seite der sanften, insgeheim kalten Manipulations-Erziehung. Das kommt dabei heraus, wenn wir unsere authentischen Gefühle und jede innere Gewissheit im Verhältnis zu unseren Kindern aufgeben, wenn sie weder Nähe noch Berührt-Sein noch Freude noch Zorn erfahren, sondern Gleichgültigkeit, eine methodisch-entseelte. Dann steigen sie über Tische und Bänke, die Jungen zumal, und den Pädagogen bleibt nach ihrem Empfinden nur der Ruf nach Disziplin, Ordnung. Natürlich ist es eine kalte Disziplin, eine formale, äußerliche Ordnung.

Und damit bin ich wieder bei Jesus. Als Leiter eines »Faustlos-Projekts« kann ich ihn mir beim besten Willen nicht vorstellen. So sanft und umständlich war er nicht. Und als Leiter eines Dressurplanes für Kinder, wie er an manchen Grundschulen in Umlauf ist, erst recht nicht. So unbarmherzig war er nie, so dumm auch nicht. Jesus war ganz anders. Niemals unbarmherzig, aber zornig. Er sprühte vor Zorn, anders kann es gar nicht gewesen sein. Er ließ den Händlern nicht die geringste Wahl. Er »vertrieb« sie, wie auch immer dies im Einzelnen ausgesehen haben mag. Bei Markus heißt es: »Er formte eine Peitsche aus zwei Stricken.« Jesus wusste, dass der Geld-Handel in Gottes Haus falsch war. Gewissheit trieb ihn. Er wollte die von der göttlichen Wahrheit abgefallenen Verhältnisse – vor dem Tempel und anderswo – ändern, und zwar radikal. Jesus war der Wahrheit der Liebe so sehr nahe, deshalb war er auch im Zorn den Menschen nahe. Sogar den Händlern.

Wahrheit ist nicht weich, nicht umständlich. Wahrheit kann man nicht planmäßig Schritt für Schritt einüben, ihre Substanz geht dabei verloren. Wahrheit ist jetzt und wieder jetzt, sie tritt in ihrer ganzen Fülle in Erscheinung und muss in ihrer Fülle ausgehalten und beantwortet werden.

Wahrheit stellt Anforderungen, und zwar restlose. Es gibt keine »halben Wahrheiten«. Das sind nur verklebte Worte für Unwahrhaftigkeit. Unwahrhaftig waren die Händler, unwahrhaftig sind wir oft im Umgang mit unseren Kindern. Und ist es nicht merkwürdig? Kinder spüren es. Sie wollen es nicht. Überprüfen Sie es in der eigenen Familie oder als Lehrer in Ihren Klassen. Ein klares Wort, ein eindeutiges Wort imponiert den Kindern. Diese verschlungenen Überzeugungsreden, mit denen sie pädagogisch-korrekt zu diesem oder jenem Verhalten angehalten werden, langweilen sie nur. In dem »Korrekten« steckt schon die Kälte, die zum Vorschein kommt, wenn die psycho-pädagogischen Techniken versagen, dann ist urplötzlich von der »wohltuenden Wirkung der Strafe« die Rede, die nunmehr angesagten Pädagogik-Programme arbeiten damit, unbarmherzig.

Trage ich selbst, als Lehrer, als Therapeut, als Vater diese Wahrheit in mir? Füllt sie mich so sehr, dass noch in meinem Zorn die Liebe zu diesem Kind, dieser Klasse, ja Kindern überhaupt zu spüren ist. Kinder unterscheiden da sehr fein. Sie haben einen Sinn für innere Wahrhaftigkeit und Unwahrhaftigkeit. Darauf antworten sie.

Es gibt falsches, mieses Verhalten, auch unter Kindern, es gibt die Rücksichtslosigkeit des Mobbing, das Sich-lustig-Machen über den Schwächeren. Mit einem therapeutischen oder eher quasi-therapeutischen Programm kann ich dem nicht entgegentreten. Als Pädagoge muss ich mich mit der ganzen Kraft meiner Menschlichkeit dagegenstemmen.

Und da ist das Wort auch schon gefallen. Meine *Menschlichkeit* ist es, die mit klaren und manchmal zornigen Worten der Wahrheit den Weg bahnt und sich in die kindlichen Seelen senkt. Die Menschlichkeit, das, was ich *bin*. Wie sehr ich der Wahrheit, einer inneren Wahrhaftigkeit, nahe und zu ihr befähigt bin – das macht den ganzen Unterschied. Und dazu die Liebe. Es gibt überhaupt kein 10- und kein 12-jähriges Kind, das dann nicht seine Ohren aufsperrt, das nicht in das Gesicht des Erwachsenen schaut, der möglicherweise geduldig, möglicherweise zornig das Kind belehrt oder tadelt. Die Wahrheit zeigt sich in meiner Stimme, meinem Gesicht, meiner ganzen Gestalt. Das ist es, worauf ein Kind achtet und nicht auf penetrante Moralforderungen, an manchen Schulen und in vielen Therapien.

Eine Zeit lang war es sogar Mode, Kinder einen Vertrag unterzeichnen zu lassen, der sie auf korrektes Verhalten festlegen sollte. Was für eine Bürokraten-Mentalität anstelle der Unmittelbarkeit des Wahrhaftigen, zu der ich als Pädagoge oder

Therapeut in der Lage bin oder eben nicht. Der Blick meiner Augen, der Klang meiner Stimme geben Auskunft über mein Dasein. Sie machen auf eine Weise, die wir etwas unbeholfen »intuitiv« nennen, jedem feinfühligen Kind klar, ob es mir gehorchen will – heißt: auf mich hören, auf meine Worte horchen, hinhorchen, ge-horchen – oder ob ich nur mit der Kraft einer entliehenen Autorität auf es einrede.

Jesu Zorn angesichts der Händler im Tempel war der Zorn der Wahrhaftigkeit. Der Zorn eines Vaters über ein rücksichtsloses oder gemeines Verhalten seines Kindes ist ebenfalls ein Zorn der Wahrhaftigkeit. Hier geht es gar nicht um die Frage von Autorität oder Nicht-Autorität, nicht um die Frage, mit welchen Mitteln Autorität durchgesetzt wird, Disziplin oder Nicht-Disziplin und was Pädagogen alles so am Herzen liegt. Hier geht es um Wahrhaftigkeit. So einfach ist das. Und so schwer.

Halten wir diesen Gedanken fest: Wahrhaftigkeit ist immer unmittelbar, sie tritt in Erscheinung. Sie ist ganz und gar Gegenwart. Sie ist immer *jetzt*, ohne Abstriche. Alles Planmäßige, alles Motivierende, alles Schritt für Schritt auf ein abstraktes, fernes Ziel hingelenkte Verhalten ist in gewisser Weise unwahrhaftig, es ist technisch und nicht menschlich. Wir haben uns diese Unwahrhaftigkeit angewöhnt und unsere Kinder wenden sich ab. Eltern können sich dies von Jesus abschauen: Sei wahrhaftig, sei ganz und gar gegenwärtig mit dem, was du als Wahrheit in dir spürst.

Freilich gibt es da noch etwas, das wir nicht übersehen dürfen. Bei den Alten, auch bei Jesus, war es das Gebet, die Zwiesprache mit dem eigenen Inneren und mit Gott. Beides war und ist noch heute ein und dasselbe. Wir könnten vielleicht von Selbst-Reflexion sprechen. Auch das gehört zur Wahrhaftigkeit, dass ich mich in meinem eigenen Zimmer, einem stillen Zimmer vielleicht, in dem kein Fernseher läuft und kein Computer surrt, überprüfe: Wie nah war ich der Wahrheit? Oder waren es nur dumpfe Emotionen, die ich in dem Moment, als ich auf mein Kind einschimpfte und Strafen verhängen wollte, für mein authentisches Selbst hielt? Möglicherweise zu Unrecht. Vielleicht war es nur die Wut auf den miesen Chef, der mich zum wiederholten Mal ausnutzt und nicht ein einziges Wort des Lobes über die Lippen bringt, der mich so zornig machte, dass ich auf eine derart kleine Verfehlung meines Sohnes mit meinem gestauten Zorn so heftig reagierte.

Das ist das Besondere an der Wahrheit: Sie verlangt Unmittelbarkeit und zwingt uns doch zugleich dazu, uns immer genauer und immer radikaler kennenzulernen, uns auf die Spur zu kommen.

Wahrhaftigkeit ist ein ganz seltsamer Zustand. Er ist ganz Gegenwart, aber nicht so, wie manche Esoteriker glauben, dass ich im Hier und Jetzt versinke, mich selbst darüber vergesse. Wahrhaftigkeit, das ist Besonnenheit in der Gegenwart, das ist Durchdrungensein von einer Wahrheit, die mir ganz bewusst ist und doch erst seelische Realität werden *will*, sie weiß um ihre Unvollkommenheit, und ist doch uneingeschüchtert sowohl in ihrer Liebe als auch in ihrem Zorn.

Wahrhaftigkeit ist eine große Aufgabe, wir erfüllen sie nicht, aber schon unser Streben nach ihr wird von anderen Menschen wahrgenommen und gewürdigt. Von unseren Kindern mehr als von irgendjemandem sonst.

Sprich mit mir

»Eure Rede sei ja, ja oder nein, nein« – das ist ein Lehrsatz, der aus einem pädagogischen Ratgeber, einem sehr guten, stammen könnte. Bekanntlich heißt der folgende Satz: »Alles andere ist von Übel.« An anderer Stelle habe ich ausgeführt, wie klar die Rede von Jesus war, beispielhaft in der Bergpredigt abzulesen. Die Haltung hinter den Worten ist spürbar. Es ist eine Haltung von enormer Eindeutigkeit. Jeder Satz ist wie eine Geste, und eine Geste verweist auf den Körper, auf die Person dessen, der da spricht. Zwischen Inhalt und Person, zwischen Botschaft und Redner gibt es nicht den geringsten Bruch, nicht einmal einen Abstand. Beide sind eines, so wie in der Philosophie Sprache und Erkenntnis ein und dasselbe, Form und Inhalt nicht voneinander zu trennen sind. Dazu ein kleines Erlebnis.

Vor wenigen Tagen hatte ich die Einladung eines angesehenen Gymnasiums, mit den Schülern der höheren Klassen in der Aula über Computerspiele zu reden. Geplant war, zu Beginn ein gut halbstündiger Vortrag, in dem ich meine Überlegungen zusammenfasste. Eine hübsche Idee, ein netter Termin, ich freute mich darauf. Aber die Freude währte nicht lange. Wenn junge Leute, just aus dem Unterricht entlassen, sich zu zweihundert oder mehr in der Aula versammeln, dann herrscht zunächst einmal ein Höllenlärm. Das ist so weit auch ganz in Ordnung. Aber nun passierte etwas Denkwürdiges.

Freundlicherweise hatte man mir vorn einen Stuhl zurechtgerückt, auf dem ich nun saß und erwartungsfroh den Lehrer oder pädagogischen Leiter, oder was immer er war, anschaute, der mich vorstellen und den Vormittag eröffnen sollte. Lärm – gut und schön! Aber irgendwann muss er auch einmal zu Ende gehen. Das stellt sich entweder ganz von selbst ein – bei einem Thema »Computerspiele« wäre es noch am ehesten zu erwarten – oder ein Lehrer sorgt für Ruhe. So weit meine offensichtlich naive Vorstellung. Was passierte stattdessen?

Der keineswegs unsympathische Mann stand am Mikrofon, der Lärm ließ um keinen Dezibel nach, und was tat er? Er *stand*, offensichtlich hoffte er darauf, dass sich die Schülerschar wieder beruhigen würde. Nun gut, möchte man sagen, das ist ja weithin bekannt: Viele Lehrer haben nicht genügend Autorität, in den Schulen herrscht Disziplinlosigkeit. Aber darum ging es gar nicht, das spürte man auch, wenn man genauer hinschaute. Das Entscheidende war die Haltung dieses Lehrers, der nicht mehr ganz jung, aber auch keineswegs alt war. Wenn ich eben, etwas pointiert, formuliert habe, dass er darauf »hoffte«, dass die Schüler sich endlich beruhigten, so wollte ich damit etwas Wichtiges verdeutlichen. Ich hatte den Eindruck, dass ihm selbst genauso wenig wie den Schülern klar war, welche Bedeutung und ob überhaupt eine Bedeutung dieser ganzen Veranstaltung zukomme. In seiner Haltung auch in seiner Stimme, mit der er eher zaghaft ansetzte und zugleich wieder abbrach, war nicht eine Spur von Notwendigkeit, von Kraft, die aus einer gewissen Überzeugung stammt, spürbar. Überzeugung, dass entweder der Redner selbst oder die anschließende Diskussion mindestens die Chance zur Sinnhaftigkeit haben könnte!

Das war es, was diesen Lehrer so schwach erscheinen ließ und konsequenterweise dazu führte, dass er nicht den geringsten Eindruck auf die Jugendlichen machte. Eigentlich wusste er auch nicht recht, worum es ging und was gut oder schlecht, spannend oder langweilig, notwendig oder überflüssig sei. Insofern konnte seine Rede auch nicht die Entschiedenheit haben, auf die junge Menschen, wie ich weiß, sehr wohl reagieren und die sie oft geradezu begierig aufnehmen. In schwer beschreibbarer Weise hatte seine gesamte Erscheinung, seine Körperhaltung, seine Stimme etwas von jener Gleichgültigkeit, jener Beliebigkeit, die Kinder und Jugendliche auch sonst schon kennen – aus den Freundeskreisen, aus vielen Familien.

»Irgendwie kommt alles nicht darauf an« – das ist ziemlich exakt das Gegenteil von dem Jesus-Satz: »Eure Rede sei ja, ja oder nein, nein.« Des Lehrers »Rede«, beziehungsweise sein Schweigen, enthielt weder ein Ja noch ein Nein. Beides fehlte! Die Unruhe unter den Schülern, die gar nicht aufhören wollte, war eine unbewusste Reaktion darauf. »Es kommt ja eh nicht darauf an!« Keine Spur von erwarteter oder mindestens erhoffter Sinnhaftigkeit. Die Unruhe zeigte auch, meine ich, dass sich diese jungen Menschen danach sehnten. Endlich etwas Verbindliches, endlich etwas Zwingendes! Nicht im Sinn einer tollpatschigen halbmilitärischen Disziplin, wie sie manche dieser hilflosen modernen Schul- und Disziplintrainingskurse anstreben, sondern etwas Bindendes, Haltendes, Packendes. Mein Eindruck war so, als hätte ich zweihundert oder mehr junge Menschen vor mir, die unaufhörlich auf der Suche nach Bindung seien, aber Bindung setzt Sinn voraus, setzt Erwachsene voraus, Lehrer oder Eltern, die von einer Sinnhaftigkeit ihrer Verantwortung für die kindliche oder jugendliche Existenz durchdrungen sind. Dies alles, dieses Antworten auf das jugendliche Drängen, das jetzt im lärmenden Nirgendwo endete, fehlte.

Stellen wir uns im Gegensatz dazu Jesus vor, wie er sich vor der Menge, die den Berg umlagerte, erhob und seine Rede begann, und zwar bekanntlich mit dem Wort »wahrlich«. Solcher Wahrheitsanspruch »packt« und hält, stellt Bindung her, nicht nur bei jungen Menschen, er fasziniert, er ist anspruchsvoll im Wortsinn, er »spricht an«. Dieser Lehrer hingegen schwieg ergeben – nein, nicht die Disziplinlosigkeit der Jungen war das Problem, sondern die Tatsache, dass er ihnen, wiederum im Wortsinn, »nichts zu sagen hatte«.

Ich hatte das Gefühl, »Wahrhaftigkeit« sei in dieser schulischen Kultur ein Fremdwort. Dies hat tiefe Gründe. Ich möchte es knapp umreißen. Die Sprache der Wahrheit, gar die Sprache der göttlichen Wahrheit, die Sprache des Glaubens, das ist eine Fremdsprache. Sie passt nicht in unsere Welt. Sie passt nicht zu unserer hybriden Selbstbehauptung, die einen entgrenzten Individualismus in unserer Kultur ausbreitet. Glaube, Demut, das Ringen um die Wahrheit, also um etwas, das mehr ist als Ego – dies alles können wir nur in Metaphern, in Sätzen, in fremden Texten erahnen. Wo Glaube oder die Suche nach Wahrheit, wo die Dringlichkeit zu einem liebevollen und sinnerfüllten Leben in einem Menschen herrscht, da findet er in unserer Kultur kaum eine angemessene Sprache. Sie wirkt sofort hausbacken oder altmodisch. Deswegen trauen sich viele Eltern und erst recht viele Lehrer nicht, sich ihrer zu bedienen. Und ebenso viele wüssten mit diesem »Wahrheitsanspruch«, der an ihr Denken und Handeln gestellt wird, gar nichts anzufangen. Sie sind selbst Kinder und Opfer eines schrankenlosen Individualismus. »Wahrheit? Was soll denn das heißen?« Ich kann es nicht beweisen, bin aber zutiefst davon überzeugt, dass die versammelten Kinder und Jugendlichen in dieser Aula eben dies spürten. Wahrheit? *Ach, es kommt doch alles nicht darauf an!* Warum also sollten sie nicht lärmen, es sei denn, man zwingt sie zur Ruhe, es sei denn, man droht ihnen mit schlechten Noten. In unserer Erziehungskultur herrscht eine Disziplin der Äußerlichkeiten – oder Disziplinlosigkeit.

Nun bin ich ein schlichter Mensch und Geduld ist auch nicht meine Stärke. Irgendwann wurde mir langweilig, ich stand auf, nahm das Mikrofon und begann zu sprechen. Und meine Vermutungen bestätigten sich, im Positiven wie im Negativen, während des gesamten kleinen Vortrags. Manchmal wurde es in der großen Aula mucksmäuschenstill, dann wusste ich, ich habe einen Punkt, einen Klang in meiner Stimme, eine Tonlage oder eine Sprache gefunden, die die Bindungssuche dieser Kinder berührt. Dann wollten sie ihre Sinne anspannen hin auf diese Stimme. Und an anderen Stellen, an denen ich möglicherweise viel zu abstrakt und über die Köpfe hinweg geredet hatte, kam die Unruhe sofort wieder auf. Dann hatte ich mit Stimme und Sprache ihre Bindungssuche nicht berührt, da gab es für sie keinen Grund, nicht sofort wieder loszuplappern.

Und doch! – das ist noch nicht die ganze Wahrheit. Eine kleine Begebenheit am Rande verdeutlicht, was ich zusätzlich gelernt habe.

Direkt vor mir, in der ersten Reihe, saß ein vielleicht 14- oder 15-jähriger Junge. Ein freundlicher Knabe, er lächelte mich an, er bemühte sich eine Zeit lang um Aufmerksamkeit, gelegentlich schien er auch ganz gespannt auf meine Worte zu lauschen, dann verließ ihn die Konzentrationsfähigkeit. Mit schlichter Selbstverständlichkeit zog er einen Gameboy, natürlich einen großformatigen, vielfarbigen, offensichtlich teuren mit hoher Bildauflösung aus der Tasche und begann mit ihm zu spielen. Ich, wie erwähnt, bin ein schlichter Mensch. So etwas kann man mit mir nicht machen! Ich schaute ihn an, nicht unfreundlich, ich mochte diesen Jungen, und sagte: »Sag mal, mein Großer, du spinnst wohl!« Er blickte auf und sein Blick war erstaunt. Er verstand nicht ganz, was ich meinte. Dass man sich direkt vor der Nase eines Vortragenden einer relativ geistlosen Beschäftigung wie dem »Klick-Klack« eines Gameboys besser nicht widmen sollte und genau genommen überhaupt keiner anderen Beschäftigung, das war ihm ganz offensichtlich völlig neu. Er schaute nicht finster, nicht abweisend, schon gar nicht gekränkt. Nein, er schaute tatsächlich erstaunt.

Mein nächster Satz, der die anwesenden Lehrer ganz offensichtlich in stilles Erschrecken versetzte, lautete: »Steck sofort das Ding weg. So lange ich rede, hörst du zu.« Die Lehrer schienen verstört, der Junge nicht. Sein Blick war unverändert freundlich, offen, ohne das geringste Zögern klappte er seinen Gameboy zu, steckte ihn in die Tasche und lauschte. Gelegentlich, während des Rests meiner Rede schaute ich zu ihm rüber und unsere Blicke begegneten sich. Er lächelte, ich lächelte zurück. Ganz offensichtlich war ihm sehr wohl dabei, dass ein erwachsener Mensch ihm erklärt hatte, was richtig und was falsch ist, was er in dieser Situation zu tun und was er zu lassen habe. Ebenso offensichtlich hatte ihm das zuvor niemand gesagt. Er schien sogar ein wenig erleichtert.

Ich will dieses kleine Beispiel gewiss nicht überfrachten. Ein ganz klein wenig jedoch hatte meine Rede und meine Reaktion auf diesen Jungen etwas von dem »ja, ja – nein, nein«. Mir erschien mein Reden bedeutsam. Mir erschien meine Überlegung sinnvoll und für junge Leute nützlich. Davon war ich fest überzeugt und bin es immer noch. Sozusagen in einem milden Abglanz hatte auch meine Zuwendung zu diesem Jungen etwas von der Eindeutigkeit des »ja, ja – nein, nein«. Ein ganz klein wenig hatte es von einem (höchst begrenzten) Wahrheitsanspruch. Ich vertrat ihn mit meiner Person, meinem Blick, meiner Stimme. »Hör zu!« Das Kind antwortete darauf. Uneingeschüchtert, aufmerksam und gehorsam.

So ist es also: Diesem Jugendlichen reichte schon mein begrenzter, mein eher ungekonnter Anspruch an die Bedeutungshaftigkeit und die Sinnhaftigkeit meiner, der erwachsenen Worte. Dann wird Bindungssuche der Jugendlichen, ihre Sinnsuche, ihr Verlangen nach Nähe durch Sprache und Präsenz eines Erwachsenen schon berührt. Dann reagieren sie.

Mit diesem Beispiel möchte ich verdeutlichen, dass die Geste des Predigers auf dem Berg ein Vorbild für alle Pädagogen ist, wenn sie sich mit ihren Worten an junge Menschen wenden. Ich will sagen, dass junge Menschen ein Recht haben auf die Klarheit des »ja, ja – nein, nein«.

Und zuletzt will ich Folgendes hinzufügen: Wir reden viel zu viel mit den Kindern und Jugendlichen und wir haben ihnen viel zu wenig zu sagen. Das ist ein übles Missverhältnis. Das betrifft Eltern ebenso wie Lehrer. In meinen Beratungen in der therapeutischen Praxis weise ich Eltern immer wieder darauf hin: »Redet nicht so viel, begründet nicht zu viel, erklärt nicht zu viel – eure Erklärungen klingen ohnehin fast immer wie Entschuldigungen.« Genau das verletzt die Sinn- und Bindungssuche der Kinder. Für sehr viele Lehrer gilt übrigens dasselbe: Sie stehen vor einer Klasse und reden und reden, sie verlieren sich in ihr Reden und zeigen dem kritischen Sinn der Jugendlichen eben damit, dass sie eigentlich nichts oder wenig zu sagen haben. Auch hier gilt: »Alles andere ist von Übel.« Klarheit, Sinnhaftigkeit, Notwendigkeit des Tuns – und wo es sich nicht einstellt, wo es nicht in den Sinn und Körper des Erwachsenen eingegangen ist, da sollte er auf sein Reden verzichten, da sollte er die Anforderungen nach Ruhe, Ordnung und Disziplin und was dergleichen mehr ist, besser sein lassen.

Die Klarheit unserer Worte ist Ausdruck ihrer Sinnhaftigkeit, die Entschiedenheit unserer Worte und der begleitenden Gesten, unsere Körperlichkeit und unserer ganzen Präsenz ist Ausdruck unseres authentischen Lebenswillens. Wo er fehlt, haben wir Kindern »nichts zu sagen«. Dann sind sie unruhig, dann fühlen sie sich im Stich gelassen und der Ausdruck ihrer sanften Enttäuschung ist ihr Lärm, ihre Disziplinlosigkeit, ihr Plappern hierhin und dorthin – ebenso sinnlos wie die Bedeutungsarmut, die wir ihnen vorgelebt haben. Von Jesus können wir lernen, wie wir Kinder zum Gehorsam verführen. Seltsam, wohin uns das Betrachten jener überlieferten Berichte eines Propheten, eines Wanderpredigers oder Gottessohnes zuletzt führt, nicht wahr?

»Ja, ja, nein, nein – alles andere ist von Übel.« Über solche Sprache verfügt nur derjenige, der sich in den Liebesordnungen der Welt zurechtgefunden hat. Über Unrecht und Grausamkeit gerät er in Zorn, auch über die kleinste, die feinste, die unauffälligste Grausamkeit, wie wir sie gegenüber Kindern so oft beobachten, über liebevolle Gesten gerät er in Entzücken. Seinen Sinn für Sprache und Schönheit ist der Sinn für Liebe. Fließt dies in seine Sprache, in seine Forderung, in seine Gesten ein, dann erfüllt er die tiefste Bedürftigkeit der Kinder: *Du sollst mich an-sprechen!*

Atemnot

An der Undeutlichkeit kann man ersticken – dieser Satz ist schön. Er stammt von Fulbert Steffensky, es ist einer der klugen und schönen Gedanken, die ich in seinem Buch *Der alltägliche Charme des Glaubens* gefunden habe. Ich stimme ihm restlos zu. Wir haben uns daran gewöhnt, das Leben wie einen Versuch, wie ein unabgeschlossenes Experiment zu leben. Schon die 20-Jährigen klagen darüber, in vielen Frauenzeitschriften ist das »Quarter-Syndrom« ein großes Thema. Es besagt, dass die 24-, 25-, 26-jährigen Frauen und Männer nicht wissen, was sie mit ihrem Leben anfangen sollen. Und zwar nicht wegen einer zu geringen, sondern einer zu großen, einer zu unübersichtlichen Wahl der Möglichkeiten. Was soll ich denn anfangen mit meinem Leben, wenn »irgendwie alles möglich wäre«? Wie soll ich eine innere Notwendigkeit, eine innere Klarheit spüren, wenn das eine ebenso gut ist wie das andere, eines so möglich wie sein Gegenteil.

Wir wissen heute, dass unsere Kinder vermutlich nicht einen, sondern drei oder vier Berufe haben werden, vielleicht ganz unterschiedliche. In jedem Fall werden sie an verschiedenen Orten leben, vielleicht im Süden oder im Norden Deutschlands, dann irgendwo in Europa oder Afrika vielleicht, und wir müssen darauf achten, dass aus dem vielen »Irgendwo« nicht schon in den Vorstellungen der Kinder und Heranwachsenden, in ihren Zukunftsplänen ein »Nirgendwo« wird. Ist ja eh alles egal, Sudan oder Ohio, Hamburg oder Mecklenburg-Vorpommern – überall kann es mich hintreiben. Ich experimentiere und experimentiere, ich *versuche* mein Leben, ich probiere meine Talente aus, ich verkaufe mich und will im Vergleich mit anderen in jedem Fall der Bessere sein, der Überlegene. Aber was nutzt es mir, wenn meine Überlegenheit doch nur eine *Vergleichsgröße* ist, ein Rivalitätsmerkmal und zu keiner inneren Stimmigkeit führt?

So sieht sie wohl aus, die düster-faszinierende Zukunftsvision, die unsere Kinder, Jugendlichen und jungen Erwachsenen haben. Sie hat natürlich auch etwas Anziehendes, diese moderne Ortlosigkeit. Ich habe sie selbst erlebt. Als Marketing-Chef einer amerikanischen Agentur hatte ich kaum eine Adresse, nur ein Telefon, und Gespräche wurden von verschiedenen Sekretärinnen mal hier und dort entgegengenommen und weitergeleitet, ansonsten lebte ich in mehreren Städten gleichzeitig. Welch eine Freiheit! Hinter jeder Stadt wartete die nächste, hinter jeder Beziehung lauerte eine andere, noch schönere, noch vielversprechendere. ›Bleiben‹ – ganz unvorstellbar! Verlässlichkeit wirkte in jener Phase auf mich wie eine Beengung, wie ein Verlust meiner vielen Möglichkeiten. Zum Schluss war alles leer, alles gleich und gleichgültig. Langweilig, mit anderen Worten. Vielleicht treibt unsere globalisierte Welt mit ihren Wirtschaftsordnungen, die immer dominierender werden, immer tiefer eingreifen in das Leben der Familien, in die persönlichsten, intimsten Bindungen, sogar die zwischen Eltern und Kind, in eben diese Richtung.

Unsere Kinder wollen das aber nicht! Sie wollen Heimat. Heimat ist ein großes Wort, Heimat ist aber auch eine seelische Bedürftigkeit. Ohne sie vertrocknet die volle, bunte, vibrierende Lebenslust der Kinder. Wenn es sie mal hierhin und mal dahin treibt, wenn Papa vielleicht in diesem Monat noch zu

Hause ist, im darauffolgenden Monat aber schon in einer anderen Stadt oder gar einem anderen Land – wer weiß, wann er zurückkommt, wer weiß, ob er überhaupt zurückkommt? –, dann haben sie keine Heimat. Dann finden sie keine Ruhe, auch nicht bei der zurückgebliebenen Mutter.

Eine der großen, ungelösten Aufgaben künftiger Erziehung wird es sein, wie wir die auseinandertreibende, bindungsarme, soziale und wirtschaftliche Realität in Übereinstimmung bringen mit dem Bindungsverlangen, das nicht nur unsere Kinder durchdringt. *Wir* haben es auch, wir lassen es uns nur so leicht abtrainieren. Ein bisschen Erfolg hier, eine Gehaltserhöhung dort, und schon reißen wir uns los von dem, was uns doch eigentlich lieb ist nach dem Motto: »Das musst du doch einsehen, mein Kind, Papa hat in der Süd-Schweiz ganz andere Aufstiegschancen. Er wird die nächsten Monate nicht bei uns sein, außer an ein oder zwei Wochenenden vielleicht.« Glauben wir ernsthaft, dass wir so mit unseren Kindern umgehen dürfen? Meinen wir allen Ernstes, dass sie unsere Gleichgültigkeit nicht wittern. Ob ich bei dir bin, am Abend beim Schlafengehen, morgens beim Aufwachen oder für Wochen oder Monate nicht, das ist ja wohl zweitrangig verglichen mit meiner Aufstiegschance. *Das* ist es, was Kinder hören. Und sie hören genau hin. Wir können sie nicht belügen, nicht auf Dauer. Vielleicht ahnen, spüren, wittern sie aber auch noch mehr hinter unseren Worten – nämlich Angst. Angst vor der Zukunft, Angst vor sozialem Abstieg, Angst vor der Zukunftslosigkeit. Wie wollen wir diesen Kindern dann noch mit Eindeutigkeit begegnen, mit einer klaren Haltung? Welche Sprache sollen wir sprechen, wenn wir uns von ihnen aus Gleichgültigkeit oder Angst haben forttreiben lassen?

Und nun drehen wir diesen Gedanken um. Was ist, wenn wir einfach Mut, Lebensmut fassen und solchen Tendenzen der modernen Welt entgegenhalten: »Nein, ich lasse mich nicht von dem Liebsten, das ich auf Erden habe, wegreißen. Von nichts und niemandem. Von mir selbst und meinen Ängsten nicht, auch von keinen imaginären Chefs, die irgendwelchen Aktiengesellschaften an den Börsen von Hongkong oder New York verantwortlich sind – von denen schon mal gar nicht«?

Dazu gehört viel Mut. Der Mut zu sich selbst. Es kann nämlich durchaus sein, dass im Geschäft, in der Werbeagentur, in einer Bank oder sonstwo solche Entscheidungen für die Familie offiziell noch wohlwollend zur Kenntnis genommen werden, während hinter dem Rücken dieses Vaters schon seine Herabstufung in der Firmenhierarchie eingeleitet oder sogar nach Gründen für eine Kündigung gesucht wird. Und dann?

Nichts ist leicht, schon gar nicht in dieser Kultur, die Kindern oft feindlich entgegentritt und Familien auch. Ich weiß sehr genau, wovon ich schreibe – und doch – trotzdem: Was können wir ausrichten, wie viel vermögen wir dort, wo wir zu Hause sind. Warum »zu Hause«? Weil unsere Kinder dort zu Hause sind, unsere Frau oder unser Mann auch. Weil wir uns nicht auseinandertreiben lassen. Der Preis mag gering oder hoch sein, die Folgen mögen schwierig sein – manchmal aber unerwartet erfolgreich, so etwas gibt es auch. Wichtiger als Erfolg oder Misserfolg ist dies: Der Geist, der uns antreibt, unser »Nein« zur Opportunität auf Kosten der Kinder durchzustehen, der füttert uns mit Lebensmut, mit Liebesmut. Der ist, in Steffenskys Sinn »eindeutig«. Wir ersticken nicht. Wir atmen auf.

NACHWORT

Tanz doch, mein Kind

Jesus ist der Tänzer, der die Evolution tanzt, sagt der Benediktinermönch Willigis Jäger, der auf dem Benediktushof, einem Zentrum für spirituelle Wege, lebt und sich als einer der wenigen im Rahmen der kirchlichen Institutionen auf die mystische Tradition des christlichen Abendlandes beruft. Neben diesem gibt es viele kluge Sätze in Jägers Buch mit dem schönen Titel *Die Welle ist das Meer.*

Ganz ähnlich sprach Sigmund Freud, der glaubenslose Begründer der Psychoanalyse, von den frühesten Tagen und Wochen der Kindheit. Sein bedeutender Freund, der französische Dichter Romain Rolland, hat ihm die Formulierung »ozeanische Gefühle« für die frühkindlichen Gefühle vorgeschlagen. Rolland wollte damit das seelische Erleben eines Kleinkindes beschreiben, wenn es, ganz eng und nah, an Mamas Brust gelegt, umsorgt und umhüllt wird und ganz eins ist mit der Welt.

Das Meer, die Welle, das »Ozeanische« – das sind Chiffren, Ideen-Bilder, die sich in der Mystik ebenso finden wie in der analytischen entwicklungspsychologischen Literatur. Wenn wir also am Meer, am »Ozeanischen« entlanggehen, sieht es aus, als sei es unendlich, hinter dem Horizont hört es noch längst nicht auf. Und die Welle, die aus jener Unermesslichkeit hervergeht, bricht sich am Strand und hinterlässt dort ihre Spuren.

So können wir auch jene »Spuren« beschreiben, die in der frühen Kindheit in uns gelegt worden sind. Bedeutsam und prägend sind sie, in Therapien spüren wir ihnen manchmal nach – aber das will nur sehr begrenzt gelingen, denn sie sind schließlich aus dem »Unendlichen« hervorgegangen. Was meine ich mit »Unendlichem«? Ich meine das vorgeburtliche Reifen im Mutterleib, während das neue Wesen die Menschheitsgeschichte seit ihren amphibischen Anfängen noch einmal durchläuft, das Wunderbare und Zerreißende einer Geburt, ich meine das allererste Greifen des erwachenden Bewusstseins nach der materiellen Welt. Ich meine das Geheimnis des Lebens selbst, des reinen Da-Seins.

Die Markierungen, die die »Wellen« einzeichnen, sind auch eine sinnhafte Metapher für die Regungen des *Bewusstseins*, vom ersten Greifen nach Mamas Brust bis zum Stapeln von Bauklötzen. Wie durchlässig wir alle gewesen sind, wie fließend und gleitend unsere Psyche war – und die Dinge der Welt waren es auch. Mit welcher Feinfühligkeit wir jede kleinste Wahrnehmung aufnahmen, mal freudig, mal erschrocken, jedes Signal, jeder Klang, jeder Geruch, wir atmeten sie ein.

Und alles hinterließ eine Spur, nichts ging verloren. Es blieb – blieb als Verfassung unserer Seele, als Beginn unseres Verhaltens anderen Menschen und den Dingen gegenüber, als Bedingung unserer Rücksicht oder Rücksichtslosigkeit, unserer Hemmung oder Hemmungslosigkeit, unserer Ethik oder unserer Schamlosigkeit.

Solch frühen Prägungen und »Einschreibungen« der Weltdinge können im gereiften »Ich« nicht mehr erinnert werden, sie bleiben unbewusst. Aber zugleich geschieht und entfaltet sich dieses Frühkindlich-Unbewusste auf dem Hintergrund jenes »Unendlichen«, das in noch tiefere Schichten unseres Seins reicht, tiefer als das Unbewusste selbst.

Zwischen Mystik und der frühen Kindheit gibt es so viele bedeutsame Vergleiche, Verwebungen, die auf ein großes Geheimnis hinauslaufen. Das wusste schon Kant. »Was unsere Vernunft im Letzten prägt, ist mit den Mitteln der Vernunft nicht zu erfassen«, schrieb er. Wie also können wir von diesem beidem, vom Göttlichen und von der Reifung des Kindes, reden? Meine Sprache reicht nicht aus. Aber der Evangelist Johannes sagt es einfach und tief: »Gott ist die Liebe, Gott ist das Leben.«

Das Bild von der Welle und dem Meer soll es anschaulich machen, ein Ideen-Bild, eine Metapher: Das »Göttliche« wirkt aus dem Unendlichen bis in die feinsten Spuren der Psyche hinein, die ihrerseits auf ein Größeres oder Früheres verweisen, aus dem die kindliche Psyche in ihrer bewussten und unbewussten Gestalt erst hervorgeht. Können wir »Gott« beschreiben? Kaum. Können wir das Leben beschreiben? Nein. Aber dass es aus der Liebe hervorgegangen ist, das ahnen wir zumindest. Dass die Liebe und das Leben eines sind, das begreifen wir – und »fassen« es doch nicht ganz.

Vom Leben können wir nur mit dem Blick auf die je einzeln Lebenden sprechen. Und wo finden wir unter ihnen einen ursprünglichen Lebenswillen, eine Seins-Gewissheit, die keine Begründung braucht, weil sie sich aus sich selbst begründet? Bei unseren Kindern. Sie kennen unsere erwachsenen Resignationen am Leben noch nicht. Für die ganz Kleinen ist die Vorstellung, nicht zu leben, nicht real. Sie existiert nicht einmal als Fantasie. Das Leben wirkt in ihnen. Sie leben je als Einzelne, aber das Dasein an sich, das sich in jedem von ihnen zeigt, ist noch einmal mehr als das jeweils einzelne Lebewesen.

Können wir uns von all dem eine Vorstellung machen oder führt dies nicht in sehr enge Sackgassen? Da bemühen wir Vergleiche, die manchmal an Aberglauben grenzen, Gott als Du, als menschenähnliche Personalität, gar als menschenähnlicher »Herrscher« oder »Vater«. Damit verringern wir das Unvorstellbare ins Gewöhnliche, es hilft unserem Verstehen nicht auf. »Du sollst dir kein Bildnis machen«, sagt das Gesetz Mose. Ich denke, das gilt auch für Wort-Bilder, für die Sprache.

Also zurück zu Johannes: Gott ist die Liebe. Darüber wissen wir schon besser Bescheid. Liebe ist Offenheit zum Leben hin, nicht nur zu diesem oder jenem Menschen oder vielleicht einem Tier, nicht nur Hingabe und Mitgefühl. Offenheit zum Leben umfasst alles, die Tiere, die Fliege und die Kakerlake, das Bewegliche, das sich Regende, das Atmende – jedes ist ein *unglaubliches* Geheimnis. So aufgeschrieben, tönt es wie müde Esoterik. Aber schauen wir doch auf die Kleinen, mit ihren drei oder vier Jahren. Stehen sie nicht staunend und beglückt vor jedem Lebewesen, als sei es ein Wunder? Mit unserer Ich-Bewusstheit, die überall nach der vernunftgeordneten Norm sucht, haben wir viel zu viel von dieser Kindlichkeit verloren – wir sind dem Leben ganz entrückt.

Wer nicht staunend vor dem Leben steht und das Wunder des eigenen Daseins in ihm nicht erkennt, der wird sich diesem Leben auch nicht aussetzen wollen. Unsere vernünftige Skepsis ist oft wie ein Schutzwall, hinter dem wir Sicherungen suchen. Offenheit zum Lebendigen fällt schwer, setzt so viel Vertrauen in das Leben »an sich« voraus, sie ist insofern dem Glauben an das Göttliche ähnlich. Solch vertrauensvolle Zuwendung zu allem Leben, uneingeschränkt und unbedingt, können wir eigentlich nur an unseren Kindern beobachten – sie haben ihn in sich, *sie sind es.* Es ist ihr Wesen, es ist ihr Wille. Es ist ihr Dasein, verknüpft mit jener ursprünglichen Lust, dieses Dasein auszuschöpfen. An jeder Blume, die sie betasten, jeder Zeichnung, die sie aufs Papier kritzeln, jedem Aufblicken und jedem ersten stammelnden Laut, »Mama, Papa«, bringen sie es zum Ausdruck. Die Metapher und Motive der großen mystischen Lehren geben uns mehr als irgendeine andere Philosophie ein Verstehen ihrer »reinen Existenz« an die Hand.

Wozu solche Überlegungen? Nun, ich meine, sie sind dazu geeignet, einen anderen Blick auf unsere Kinder zu werfen. Schule und Hausaufgaben, Schulempfehlung und aufgeräumte Zimmer, Gehorsam und Ordnung – ja, ja, alles sehr wichtig! Aber schauen wir doch nur hin, wie sie wachsen und reifen. Sie »überschreiten« ihre Existenz jeden Tag. Wir Eltern klagen manchmal darüber, oft stehen wir nur verwundert vor ihnen. »Wie groß du geworden bist.« »Du sprichst ja schon.« Als Mutter oder Vater hat man bei Vier- oder Fünfjährigen oft das Gefühl, an einem soeben beginnenden Tag einem ganz anderen Wesen, einem anderen Geist gegenüberzusitzen, als dem, der dieses Kind gestern noch war. Sie entwickeln, entfalten sich, diese Kinder, aber was sich in ihnen entfaltet, ist ein Geheimnis.

Gott ist das Leben, Gott ist die Liebe, sagt Johannes. Schauen wir sie also mit diesem »Gottesbild« ein wenig anders an, stiller, ehrfürchtiger vielleicht. Sie sind das Leben, in ihrem Wachsen, ihrem Reifen, das mit irgendwelchen lernpsychologisch-methodischen Regelsätzen nicht einmal ahnungsweise zu verstehen ist. Sie werden erwachsen wie wir und ihre reifende Vernunft begrenzt ihre ursprünglicheren Existenzgefühle, sie wachsen hin zu einem beglückenden und in eigenartiger Weise doch auch armen »Ich«. Das Ich ist nicht Herr im eigenen Haus, das wusste schon Freud. Ähnlich wie Kant empfand er, je tiefer er in die Entwicklungen von Sein und Vernunft eindrang, die Grenzen des Sagbaren. Ja, das Leben selbst ist das Geheimnis.

Dazu fällt mir noch etwas ein, vielleicht ist es bemerkenswert: Bei manchen der 14- und 15-Jährigen können wir beobachten, wie sie ausgerechnet im »jauchzend-betrübten« Trubel der Pubertät, ein feines Gefühl für dieses Leben haben, das sie durchfließt und fast täglich verändert. Manchmal gibt es mitten in der Pubertät schöne Momente mit ihnen. Wenn wir zum Beispiel an einem ruhigen Tag gemeinsam spazieren gehen, durch irgendeinen Park, wenn wir am unaufgeräumten Abendtisch herumtrödeln und plötzlich anfangen zu reden – dann haben diese Fast-noch-Kinder einen ganz eigenen nachdenklichen Charme, eine Eindringlichkeit in ihrem Gesicht, das plötzlich wieder ganz kindlich geworden ist, eine Art intuitives Begreifen. In solchen Momenten sind sie – so paradox es klingen mag – *mehr, als sie geworden sind.*

Manchmal denke ich: Gott ist eine Liebeserklärung an unsere Kinder!

Anmerkungen

1 Ach ja, so sollten wir neben unserem Kind, der Frau, dem Mann sitzen, ganz heiter und leicht, weil in eine leichte Seele die feinsten Empfindungen eindringen – dann würden wir anders auf unser Kind schauen: »Wie klein du bist, mein Sohn, aber morgen wird dein Gesicht schon ein wenig anders sein, dein Körper, deine kleine Gestalt. Komm, ich nehme dich in meinen Arm und halte dich fest, obgleich ich dich ja gar nicht festhalten kann, das weiß ich – in einem Jahr drängst du schon von mir fort. Mit diesem Wissen halte ich dich noch einmal anders, inniger, beglückter. Wirst du im nächsten Sommer noch wollen, dass Papa mit dir zum Spielplatz eilt, um deinen hohen Schwung auf der Schaukel zu bewundern? Oder wird Papa dann schon lästig? Alles ist nur jetzt, nur in diesem Augenblick, und danach nie wieder. Aber alles ist auch ein Wachsen, ein Reifen in deine Zukunft hinein, in der sich unsere Liebe zu dir in deinem neuen Dasein erst ganz entfaltet – es ist mühsam und traurig, manchmal macht es mich ganz melancholisch, mein Sohn, aber mach dir nichts daraus – das ist Menschenschicksal, Elternschicksal und alles ist solch ein Wunder!«

2 Mir hat vor einigen Jahren einer dieser tumben Ärzte, die erst diagnostizieren und dann nachdenken, eine Krebsdiagnose gestellt. Magenkrebs. Nicht der Arzt, sondern das Internet verriet mir, dass die Überlebenschance nicht sehr groß sei, etwa zehn von hundert überleben das erste Jahr. Die medizinische Maschine lief, Biopsien, dann noch eine, dann das Warten auf ein Ergebnis, insgesamt fast zwei Wochen. Diese beiden Wochen waren von merkwürdiger Art. Nein, seltsamerweise hatte ich keine Angst, sondern ein ruhiges Gefühl, das zwischen dem Wissen um die Unwiderruflichkeit des

Schicksals und einer neu in mir erwachten Stille stand, ich musste gar nichts dazu tun – nur manchmal, manchmal war es anders! An einem Samstagnachmittag war ich mit meiner damals sechsjährigen Tochter auf einem neuen Spielplatz, tief im Park: Sie hüpfte vergnügt mit anderen Kindern auf dem Trampolin, ich saß auf einer Terrasse, schlürfte einen miserablen Kaffee und schaute ihr zu. Da überfiel sie mich, die Zeit, mit dunkler Wucht: Herrgott, ich hatte doch wenigstens noch mit anschauen wollen, wie das Kind groß wird. Wenigstens noch ein paar Jahre. Zeit, ganz unerbittlich stand sie vor mir, geradezu zwischen mir und dem Kind, das mir fröhlich zuwinkte – und dahinter so viel vergeudete, verlorene, missmutig vertane Zeit. Was hatte ich mir bloß dabei gedacht, all die Jahre lang? Im Übrigen war die Diagnose falsch, jedenfalls halbfalsch, der Arzt war ein Trottel mit einer voreiligen großen Klappe – so etwas passiert dauernd, die allgemeine Bindungsarmut unserer Zivilisation treibt diesen Typus hervor. Als ich zu einem anderen Arzt wechselte, war er tief gekränkt.

3 Eichendorff hat es beschrieben: »... und die Welt fängt an zu singen / triffst du nur das Zauberwort«.

4 Jene Heimat, von der der Philosoph Ernst Bloch sagt, dass wir alle zu ihr unterwegs sind, aber »noch keiner in ihr gewesen« sei – näher als in solchen Ritualen kommen wir ihr wohl nicht.

5 Aber auch die Nachfolge Jesu ist ein Bemühen, das aus sich selbst heraus nicht gerechtfertigt werden kann – Paulus hat es in den Römerbriefen artikuliert.